Die Rollatoren-Armee

LUGGI SCHÄGSBIA

Die Rollatoren-Armee

Bibliografische Information der Deutschen Nationalbibliothek
Die Deutsche Nationalbibliothek verzeichnet diese Publikation in der Deutschen Nationalbibliografie; detaillierte bibliografische Daten sind im Internet über http://dnb.dnb.de abrufbar.

Coverdesign: Birgit Himmelstoss – InVIA Marketing GmbH
Satz, Herstellung und Verlag: BoD – Books on Demand
ISBN 978-3-7412-4558-9

Inhalt

Die Rollatoren-Armee

»Sollten Sie noch kein Gehwägelchen benutzen, so tut es mir leid, Sie nicht in unsere Rollatoren-Armee aufnehmen zu können. Eine Voraussetzung dazu sind defekte und altersschwache untere Gliedmaßen, ebenso eine lädierte Wirbelsäule und miserable Muskelkraft. Mit Sicherheit schlägt das Alter auch bei Ihnen in einigen Jahren eine Schneise der Instabilität. Ob Sie sich mit sportlichen Übungen missbrauchen oder Ihren bequemen Körper schonen, das spielt keine Rolle, der Zeitpunkt, an dem Sie um Mitgliedschaft in meinem Verein bitten, ist bereits biologisch vorgegeben. Bitte beeilen Sie sich, durch natürliche Auslese bin ich an Ihrem baldigen Beitritt sehr interessiert. Auch wende ich mich an diejenigen, denen die Wartezeit bis zum naturgemäßen Finale unendlich erscheint und die durch selbst produzierte Langeweile bereits Anzeichen geistverlierender Zustände bemerken. Hier bin ich gerne bereit, Sie mit Rat und Tat zu begleiten und zu unterstützen, dass Sie schnellstmöglich in den Genuss eines aktiveren Lebensabschnittes vordringen. Mein von mir selbst prämierter Rat, warten Sie nicht auf die Gefahren der kalten Jahreszeit, geben Sie sich schon jetzt einen Stoß und versuchen Steintreppen im Dreierpack abwärtsführend zu bewältigen. Nach fraglicher Wiedergenesung erwarte ich Sie als weiteren Zugang in unserer humanen Gemeinschaft, in der Sie sich frei und willenlos entfalten dürfen beziehungsweise unterordnen müssen. Die Spielregeln werden Ihnen nach der geforderten Unterschrift des Aufnahmevertrages ausgehändigt, nach 15 Minuten wieder abgenommen, da Sie die zehnseitigen Vertragsklauseln sowieso nicht begreifen und akzeptieren. Dies geschieht, darauf möchte ich Sie ganz besonders nicht hinweisen, zum Wohle Ihrer zukünftigen Zweckgemeinschaft. In Ihnen drängt sich jetzt wohl die Frage der Finanzierung auf, hier darf und muss ich Sie absolut beruhigen. Für Sie und unsere Gesinnungsbrüder und Denkselbenschwestern entfällt jede Art von Zuwendungen in irgendeiner Form von Bei-trägen oder sonstigen Zahlungsaufforderungen. In unseren Verein fließen die Subventionen der ausgeschiedenen, oder ich versuche mich anders auszudrücken, der von uns gegangenen Mitglieder in den Rollatoren-Armee-Fonds ein. In weiser Voraussicht regeln wir das Testamentarische rechtzeitig, so dass der Spendenwille auch in Zukunft nicht versiegen wird. Bitte drängeln Sie nicht, Sie werden noch früh genug zum Beitritt in unsere von Visionen erfüllte Organisation aufgefordert. Zuvor enthülle ich Ihnen den Sinn und Zweck sowie die Vorgehensweise unserer Rollatoren-Armee.

Ich setze voraus, dass Sie sich im letzten Drittel Ihres zukunftslosen Daseins befinden und sich Ihrer gesamten aufgestauten Frustlasten noch vor ihrer unvermeidbaren Stagnation entledigen möchten. Ich erwähne nur einige solcher rumorenden und zum Himmel schreienden Übelstände in Ihrer und unserer Umwelt. Rentenbeschneidung, Steuerfreibetragskastration sowie Zuwanderungssyndrom, Liebesgaben für europäische Renovierungsländer, Tragweiteentscheidungen von kurzsichtigen Volksvertretern, über zwei Billionen Euro Staatsverschuldung, psychiatrische Monster-Klinik-Brüssel.

Entschuldigung, mein Krisenstab fordert Weisungen an.«

Marsch auf Berlin

»Feldmarschall, wie ist die Lage?« »Aha, Bayerische Vierrädler-Division, angeführt von Gebirgsschützen-Veteran Oberst Edelschwarz steht bereits vor Zehlendorf. Schon nennenswerte Ausfälle?« »Oh, die Krückstocktruppe wurde aufgerieben, na ja, ersetzen Sie diese durch die einarmigen Linkshänder. Wo steht die Division von Major Schenkelhals? Was? Bereits Schöneberg eingenommen. Dieser lädierte Fuchs hat mit seinen 90 Jahren noch nichts verlernt. Wie kommt General Tinnitus an der Westfront voran? Was Sie nicht sagen, bereits die Havel durchschwommen und kampieren auf der Jungfernheide. Geben Sie den Befehl aus, sofort den Marsch fortzusetzen, bevor die Greisentruppe entschläft. Feldmarschall Wirbelsteif, ist die Nordflanke ebenso erfolgreich? Hab ich es mir doch gedacht, dieser blutalkoholverdünnte Oberst Professor Lederleber führt die technisch bestausgerüstete Division an und versäumt die motorisierten Rollstühle aufzuladen. Sofort zwei mobile Elektroaggregate an Ort und Stelle. Oberst Leberleder degradieren und durch Generalmayor Milzbrand ersetzen. Hoffentlich haben Sie mir von der Ostflanke Besseres zu verkünden? Nicht zu fassen, da bekommt dieses senile Fallobst eine erstklassige Ausbildung als Luftlandepioniere und dann springen sie ohne Fallschirme ab. Kommt wenigsten die Rollator-Division unter Oberstleutnant Nabelbruch voran? Ausgezeichnet, dann sind Köpenick und Hellersdorf eingenommen. Gab es Verluste? Entsetzlich, sind hoffentlich die Rollatoren noch einsatzbereit? Prima, sofort neu besetzen.«

»So, wo bin ich stehen geblieben, ach ja, bei dem europäischen Syndikat in Brüssel, eine Auffangstelle für arbeitslose Politiker. Dies wird die größte Herausforderung seit unserem Bestehen sein. Um dieses Imperium einzunehmen, müssten wir uns mit den französischen und belgischen Handikap-Desperados verbünden. Doch zuerst versuchen wir den Bundestag in Berlin einzunehmen, um den sofortigen behindertengerechten Ausbau sämtlicher nationaler Bahnhöfe, Kulturstätten und Friedhöfe zu verwirklichen. Auf Herrn Schäuble können wir nicht bauen, da dieser zwar mit einer Behinderung lebt, jedoch sich nicht als Behinderter sieht, sondern als verwurzelten Permanent-Politiker mit fahrbarem Ministerthron. Wie Sie sehen, arbeiten wir nach dem Prinzip Robin Hoods, allerdings unterscheiden wir uns darin, dass wir keine Rauborgien veranstalten, sondern der Allgemeinheit zu ihrem Recht verhelfen. Wie ich bemerke, sind Sie noch nicht willig unserer Armee beizutreten. Es widerspricht mir dafür Bitten oder Kniefälle zu absolvieren, doch durch Ihr kritisches Verhalten ändere ich meine Taktik und biete Ihnen den Posten des Berichterstatters an, so können Sie sich selbst ein ausführliches Bild unserer Aktionen machen. Ihre Ansprechpartner sind die Führer unserer Einsatzkräfte sowie unsere Bürger, denen Sie nicht ihr Gutmenschengehabe, sondern ihr wahres Denken herauskitzeln. Die absolute Problematik erscheint mir jedoch, unsere Plapperpresse und Moralkeulen schwingenden Fernsehanstalten von unseren Ansichten zu überzeugen. Besonders bei den Letzteren ist sehr hohe Bekehrungsarbeit und Propaganda zu leisten, um sie auf unsere Seite zu bekommen. Ich bin überzeugt, dass Sie der absolut richtige Mann für diese Aufgabe sind. Was sind Sie eigentlich von Beruf? Theologe? Das ist ja zweifellos das perfekteste Ressort, was ich mir wünschen konnte. Da sind Sie durch Kanzelpredigt und psychologisch gesteuerte Missionierungsveranstaltungen vortrefflich ausgebildet. Waaas? 4000 Euro Monatseinkommen plus Spesen, sind Sie überhaupt noch lebensnah orientiert? Ach ja, Sie sind Theologe, das sagt alles. Mein Angebot an Sie lautet: Grundgehalt 1000 Euro und pro Bekehrung eines Journalisten 500 Euro und Meinungsveränderung eines Chefjournalisten einer angesehenen Tageszeitung oder eines Journals 1000 weitere. Bedeutet Ihr verschmitztes Lächeln, dass Sie zustimmen? Auf gute Zusammenarbeit und erfolgreiche Medienbekehrung. So, folgen Sie mir nun zur Schuldenhauptstadt Berlin, dort können Sie umgehend dazu beitragen, für die Rollatoren-Armee als revolutionierende Volkstruppe zu werben. Was sagten Sie? Revolution ist nicht Ihr Ding? Und Sie als Vertreter der katholischen Kirche predigen über Jesus Christus, den größten Revolutionär und Gründer des christlichen Glaubens. Er kämpfte ebenfalls auf der Seite der Ausgebeuteten und Armen, so wie wir. Wenn Sie jetzt sagen, Martin Luther wäre ein Revoluzzer gewesen, so halte ich Ihnen dagegen, dieser Mann, Vater von sechs Kindern, war der Erfinder des Eisernen Vorhangs, mit dem er die Kirche spaltete und dadurch Gewalt und Verderben auslöste. Sagten Sie etwas? Und ob ich im Recht bin, Ihr Glück, dass Sie mir zustimmen. Einen Augenblick, informiere mich über den neuesten Lagebericht.«

»Hallo, Feldmarschall Wirbelsteif, ich treffe in zehn Minuten von Süden kommend in der Bundeshauptstadt ein, geben Sie mir die neueste Lageinformation. Grandios, Veteran Oberst Edelschwarz und seine Vierrädler-Division Brandenburger Tor und Platz der Republik fest in unserer Hand, nähern sich Reichstagsgebäude, kein Widerstand. Westflanke verbindet sich in Kürze mit Südflanke. Was tut sich im Norden? Ausgezeichnet, wie geplant bereits zum Invalidenfriedhof vorgedrungen. Gibt es im Osten Schwierigkeiten? Wunderbar, Unter den Linden und Friedrichstraße überschritten, treffen im Süden auf die Division von Oberst Edelschwarz, in acht Minuten Reichstagsgebäude eingekesselt. Alle Achtung, Feldmarschall Wirbelsteif, können Sie mir Ihr Alter verraten? Puh, ich hätte sie höchstens auf 75 geschätzt, da bin ich schon sehr erstaunt, dass sie mit Ihren 92 so eine perfekte Strategie planten. Ich sende Ihnen auf Ihr I-Pod die nächsten Einsätze für die kommenden vier Jahre, so können Sie bereits das Konzept für die weiteren Attacken ausarbeiten.«

»Herr Berichterstatter, Sie haben Ihren Namen noch nicht erwähnt, möchte Sie doch schließlich persönlich ansprechen. Selbstverständlich lache ich nicht darüber, keiner kann etwas für seinen Namen. Weswegen sollte ich mich jetzt über Ihren Namen, Kleiner Willy, amüsieren? Darf ich mich auch vorstellen? Erasmus Egwin Eriwan Graf von Gurkenberg. Ich bitte um mehr Respekt, habe mich über Ihren lächerlichen Namen auch nicht ergötzt. Bitte stellen Sie ab sofort Ihr Lachen ein, wir nähern uns in Kürze den heldenhaften Kämpfern, die ihre letzte Kraft dem Wohle des deutschen Volkes vergeuden. Sehen Sie, Herr Berichterstatter Kleiner Willy, genauso stellte ich mir die Einkesselung des Reichstagsgebäudes vor, was für ein genialer Handstreich meines Feldmarschalls. In Fünfzigerreihen unsere tapferen Rollatoren-Pioniere, dahinter die Krückstock-Division, gefolgt von dem zweihandbetriebenen Rollstuhl-Regiment, und den äußersten Ring bildet unsere motorisierte Rollstuhl-Brigade. Wie bitte, weswegen das Heer und Polizei nicht gegen uns vorgehen? Also, das gibt mir doch zu denken, Herr Berichterstatter Kleiner Willy, Ihr Denkapparat ist wohl auch etwas zu kurz geraten. Sehen Sie sich doch einmal um, an jeder Hauswand Videoüberwachung, bereits der kleinste Versuch eines gewaltsamen Polizeieinsatzes wird als Diskriminierung von Behinderten angesehen und von in- und ausländischen Medien als nationalistische Maßnahme bewertet. Kein Verantwortlicher will sich diesem Ruf aussetzen, lieber wird ein Angriff auf den Staat geduldet. Im Dulden und Tolerieren ist die Bundesrepublik bereits zum Champion aller 198 Länder der Erde gekürt worden, und das viele, viele Jahre in Reihenfolge. So, nun folgen Sie mir mit erhobenem Haupt zu den Stufen des Reichstagsbollwerks, das ich in wenigen Minuten durchschreiten werde, um an das Parlament meine Forderungen zu richten. Jedoch zuvor gebührt mein Dank diesen leidenschaftlich kämpfenden Invaliden und besonders den auf der Wegstrecke dem Martyrium Ausgelieferten.«

»Liebe tapfere Einarmige, Einbeinige, Beinlose, Gelähmte, Vergreiste und sonstig Beschädigte. Dieser Feldzug der Gerechtigkeit wird in die Geschichte Deutschlands eingehen. Auch wenn ihr selbst daraus keinen Vorteil mehr erleben könnt, doch eure gebrechlichen Nachkommen werden die Nutznießer dieser planmäßig ausgeführten Aktion sein. Deren Parole heißt: Auch wenn bald die

Kiste naht, wir kämpfen für einen gerechten Staat. Und nun auf ins Parlament zu unseren Volksvertretern.«

»Herr Minister Gabriel, Ihre Sprechzeit ist zu Ende, machen Sie mir bitte Platz. Ne, ne, die Saaldiener entfernen nicht mich, sondern Sie, sollten Sie nicht in einer Minute das Podium verlassen. Darf ich Sie bitten, Herr Minister Schäuble, da Sie wie ich ein Rollstuhlpassagier sind, Ihren Kollegen aufzufordern vom Rednerpult zu verschwinden. Ja, ja, das ist mir bekannt, dass Sie eigentlich keinen Rollstuhl benötigen, Sie setzen sich nur hinein, um Mitleid zu erzeugen und deswegen weniger Kritik ausgesetzt zu sein. Herr Bundestagspräsident Lammert, Sie sind in diesem Hause und bei den Bürgern der wohl höchste Sympathieträger, bitte überlassen Sie mir 30 Minuten das Mikrofon, ansonsten erhebe ich den Krückstock und schon befinden sich mehr Rollatoren im Bundestag wie Abgeordnete. Herr Bundestagspräsident, machen Sie mich nicht lächerlich, mein Name ist Graf von Gurkenberg nicht Gurkenzwerg. Ja, ja, ja, schlagt euch nur auf die Schenkel, auch wenn Lachen im Bundestag sehr selten zu hören ist, so freut es mich, dass es heute einstimmig parteiübergreifend im größten Schauspieltheater der Bundesrepublik erfolgt. Herr Trittin, bitte beruhigen Sie sich wieder. Der Einzige, der sich hier das Lachen verkneift, wer könnte es auch anders sein, unser Sozialfachabgeordneter Herr Lauterbach. Also, nachdem Sie mir durch Ihre Heiterkeit das Wort erteilten, trage ich Ihnen meine Anliegen vor und wette, dass keine Lacher Ihren so beflissenen Abgeordnetenmund verlassen.«

»Hohes Haus, liebe Frau Bundeskanzlerin, liebe vom deutschen Volk gewählte und nachgerückte weibliche und männliche Abgeordnete, liebe Ministerinnen und Ministranten, heteroistische und schwullüstige Volksvertreter. Einen Extragruß an die ferngebliebenen Vierjahreskartenbesitzer, deren voluminöse Abwesenheitsanzahl zwar kritische Bedenken erzeugt, jedoch von vornherein einkalkuliert wurde, da sie von 1949, damals saßen 402 Volkvertretungsberechtigte im Parlament, auf inzwischen 631 gewählte Volksvertretungsvertreter aufgestockt wurde, die sich nach Lust und Laune gegenseitig vertreten zum Unwohle des deutschen Volkes. Bitte versetzen Sie Ihren eingenickten Kollegen einen kräftigen Stoß. Stoß habe ich gesagt! Ach so, die Kollegen der eingeschlafenen Kollegen sind ebenfalls eingenickt.«

»A b s t i m m u n g zur D i ä t e n e r h ö h u n g ! Na, geht doch. Herr Gregor, quatschen Sie nicht immer! Ja, Herr Gysi, Sie meinte ich. Also meine lieben Volksfinanzenverschwender, vor Ihnen steht der Vertreter einer Kategorie von Bürgerinnen und Bürgern, die sich zum Teil vor der Ausrentung befinden, jedoch ihre knappbemessene Anwesenheit noch nutzbringend zur Geltung bringen möchten. Ruhe, Frau Grüngelbrothblaulilatürkis, Sie befinden sich nicht in Anatolien. Die Umschreibung unserer Aktion trägt den Titel »Ist das Leben noch so triste, noch liegen wir nicht in der Kiste«. Was so viel heißt, wir kämpfen für unsere Rechte, wobei Parlamentarier eine andere Rechtsauslegung besitzen, was auch kein Wunder ist, weil der größte Teil der Anwesenden hier in diesem Haus des Rechts aus dem Berufsstand der Rechtsverdreher herstammt. Bitte, Herr Ströbele, halten Sie hier kein Plädoyer, das können Sie nachher bei Frau Illner oder Frau Maischberger, oder melden Sie sich zu meinem Verein, bevor Sie sich mit Ihrem Sessel verwurzeln. Da lobe ich unsere alte Lederhaut aus Gleisweiler, der wusste genau, wann er diese heiligen Hallen verlassen musste, um nicht rausgetragen zu werden. Ich bitte mir Ruhe und keine niveaulosen Zwischenrufe aus, das können Sie später in Ihrer anschließenden Kasperltheaterveranstaltung nachholen. Ich komme nun zu meinen Forderungen und Verbesserungsvorschlägen, auf deren Zustimmung ich bei der folgenden Abstimmung eine Hochstimmung bei meinen senilen Streitern erwarte. Bei Nichtgefallen der Stimmenauszählung wird jedem Abgeordneten ein Krückstocktruppenüberwachungs-Personal zur Seite gestellt, um Ihre Wahl zu erleichtern.«

»Punkt 1. Ebenerdige Einstiegsmöglichkeiten bei allen Verkehrsmitteln, wie Bahn, Busse, Straßenbahnen, U- und S-Bahnen. Behindertengerechte Zugänge bei Gebäuden von Kultur und Behörden, stärkere polizeiliche Überprüfung von Behindertenparkplätzen.«

»Abstimmung: Überwältigend. Abgeordneter Ernst, Ihre Aussprache ist unverständlich, Einwand abgelehnt.«

»Punkt 2. Medikamentenzuzahlung ab Erreichen des 65. Lebensjahres abschaffen. Arzneimittelpreise auf das Niveau der übrigen europäischen Länder angleichen. Warum wir hier in der Bundesrepublik für Arzneimittel zwischen 60 und 500 Prozent mehr bezahlen, ist das große Geheimnis, das uns nur unsere Abgeordneten und die Lobbyisten der Pharmaunternehmen erklären können.«

»Abstimmung: Angenommen. Herr Bundesminister Gröhe Ruhe und setzen.«

»Punkt 3. Angleichung des Pflegegeldes für zuhause betreute Familienangehörige an die Zahlungen der Pflegedienste.«

»Abstimmung: Mehrheit. Herr Gröhe, Ihr Einwand erreichte mich zu spät. Tut mir sehr herzlich leid.«

»Punkt 4. Ich empfehle Ihnen bei dieser Forderung Ihre Ohren zu verschließen, jedem Lauscher wird die Stimmabgabe verweigert. Abschaffung der Beamtenpensionen, alle zahlen in einen Topf. Gleiches gilt bei der Krankenversicherung. Bravo, Herr Gysi, aber die Abstimmung erfolgt erst, wenn ich Sie dazu auffordere.«

»Abstimmung: Mehrheitlich angenommen. Wieso Einspruch, Herr Bundestagspräsident? Bei diesem Tumult von hysterischen und durchgeknallten Abgeordneten lag die Entscheidungsobhut allein bei mir, dem in diesen Minuten einzig normal Denkenden. Einspruch abgelehnt.«

»Punkt 6. Erhöhung der Grundrente auf 1500 Euro netto monatlich für eine durchgehende Arbeitszeit von 40 Jahren. Abstimmung: Sie glauben, das sei nicht finanzierbar, Frau Bundesministerin Nahles? Aber bitte, Frau Nahles, da hab ich mich besser vorbereitet. Bereits Hieronymus behauptete: Per aspera ad astra, also erst die Arbeit, dann das Vergnügen, oder wörtlich, durch das Raue zu den Sternen. In Ihren Dateien und Karteien und Akteien befinden sich tausende und abertausende, die ohne Umwege zur Arbeit hin sich sofort den Sternen zugewandt haben, mit Einverständnis der Sozialministerien, rechtmäßige Arbeitslose und berechtigte Hartz-IV-Empfänger nicht eingerechnet. Hier müssen Sie und Ihre Mitarbeiter endlich die Dulderei beenden und diesen bestversorgten Abstaubern die Geschenkgeldzahlungen in Frage stellen. Der arbeitende Steuerzahler nimmt diese Ungerechtigkeit nicht länger hin. Liebe Frau Ministerin, sprechen Sie es endlich offen aus, dass 2,7 Millionen geduldete Hartz-IV-Empfänger mit ungefähr monatlich 2,5 Milliarden Euro (nichtbeinhaltend die Wohnungsmiete) nicht dem Staat, sondern der arbeitenden Bevölkerung ihr Einkommen schmälert. Sollte hier nicht in Kürze das Tolerieren von Schmarotzerbonuszahlungen Einhalt geboten werden, unterwirft sich die Bundesrepublik Deutschland diesen Sozialverbrechern unabsehbar. Wobei ich lobend erwähne, dass hier bereits eine Gegensteuerung erfolgte. Weitere zwei Millionen harren bereits in Flüchtlingsunterkünften aus, um an diese Unterstützung zu gelangen.«

»Abstimmung: Knappe Zustimmung. Sehen Sie, Frau Abgeordnete Sahra Lafontaine, Sie lernen es auch noch. Wie, Sie wollen mit Wagenknecht angesprochen werden? Na gut, Frau Sahra Lafontaine-Wagenknecht, verstehe zwar nicht Ihren Einwand, vermute allerdings darin eine zukunftsweisende Absicht, sollte sich Ihr noch gleichgesinnter Gemahl doch wieder zu einem politischen Wendehals oder zum Verflossenen entwickeln.«

»Punkt 7. Wie kam es zu dieser, in der Tat, unbegreiflichen Aussage unserer Frau Bundeskanzlerin? ›Wir schaffen das.‹«

»Eine Kettenreaktion unglücklicher Umstände katapultierte diese drei Wörter um den gesamten Erdball. Dabei stellte sich heraus, dass der Tontechniker während der Pressekonferenz der Kanzlerin das Mikrofon eine Sekunde zu früh abschaltete und das letzte Wort verloren ging. Anstatt einer sofortigen Berichtigung beließ man es im Kanzleramt bei dieser verhängnisvollen inkorrekten Behauptung. War es falscher Stolz oder ein plötzlicher politischer Sinneswandel, das verloren gegangene »kaum« nachzureichen? Das Unheil nahm ab sofort seinen Lauf und die Abgeordneten stolperten hinterher. Nun kurze Rede langer Sinn, diese versalzene Suppe müsst ihr alleine auslöffeln, da ihr der Mehrheit eurer Diäten und Aufwendungsentschädigungen zahlenden Untertanen keinen Glauben schenktet.«

»Deshalb fordere ich, Einquartierung von unqualifizierten Einwanderern bei Abgeordneten und ihren Parteien, die für diese Einbürgerungsinvasion stimmten. Was sagten Sie, Frau Abgeordnete Grüngelbrothblaulilatürkis, oh, entschuldigen Sie diese Bezeichnung, Sie sind ja inzwischen zur Bundestagsvizepräsidentin aufgestiegen und trotzdem haben Sie Ihre pubertäre Phase noch nicht abgeschlossen. Sie bevorzugen türkisch weibliche Zuwanderer und würden Ihr Heim mit ihnen teilen? Ach nein, was Sie nicht sagen, Sie traten aus der katholischen Kirche aus, da Sie kein Priesteramt ausüben durften, und bevorzugen seitdem Islamisten. Muss ich das verstehen?«

»Abstimmung: Abgelehnt?? Krückstocktruppe antreten, nehmen Sie Körperkontakt zu den Abweichlern auf.«

»Abstimmungswiederholung: 129 Prozent Zustimmung, danke für Ihre Einsicht.«

»Bitte nehmen Sie mir meine berechtigte Kritik an Ihrem Berufsstand oder, lassen Sie es mich mit folgenden Worten formulieren, Ihrem Dienst zum Wohle des deutschen Volkes nicht übel, ich kann sehr gut einschätzen, dass unter euch eine Handvoll gewissenhafter Politiker das Wohlergehen der Bürger im Sinne hat und nicht ihre eigene Wohlversorgung. Danke für Ihr Wohlwollen.«

»Krückstocktruppe abtreten, zur Rollatoren-Armee zurückkehren, baufällige Invaliden verbleiben bis zum Abdanken als Kundschafter hier im Hause.«

»Oberst Edelschwarz, General Tinnitus, Major Schenkelhals, Oberstleutnant Dekubitus, alles hört auf Feldmarschall Milzbrands Kommando.«

»Rollatoren-Armee, stillgestanden, abrücken zum Windelwechsel, marsch, marsch.«

»Wer gibt mir Auskunft über den Aufenthalt unseres Berichterstatters Kleiner Willy, sein Mobil-Laberknochen meldet keinen Empfang? Was, er missioniert bei der taz, dieser linken Denkprothese? Ich sagte ihm, in Zeitungen und Journals und nicht bei diesen Altpapierbeschmutzern. An alle Führungskräfte, Punkt 15 Uhr zum Rapport auf den Zentralfriedhof mit Bestandsaufnahme und Verabschiedung von unseren tapferen Mitstreitern, Spaten und Schaufeln nicht vergessen. Anschließend ziehen wir zu Deutschlands größter Schulungsanlage zur Vermeidung von Bausünden, gesponsert von Bundesländerfinanzministerien, also von euch, ihr armen Würstchen. Und da ich mich schon mit den bundesrepublikanischen Schandmalbauwerken befasse, hänge ich noch die Brückeneinstürze bei Werneck und Augsburg innerhalb eines Monats an, die wieder einer Meisterleistung deutscher Ingenieurskunst entsprechen. Dagegen erlaube ich mir den Kölner Dom zu erwähnen, der seit 1322 seine architektonische Pracht entfaltet.«

»Rollatoren halt, Krückstock zum letzten Gruß aufnehmen, Gruben füllen, Kehlen frei zum Gebet, Freudentränen wischt ab, frei gewordene Quadrigen mit frischen Kämpfern neu besetzen, Abmarsch zum Milliardenmüllberg Brandenburg.«

»Na, Kleiner Willy, auch wieder unter uns? Ihr Ausflug zum Genossenblatt taz dürfte Ihren Horizont etwas verschleiert haben. Wie konnten Sie nur?«

»Herr von Gurkenberg, Sie verstehen was von Strategie und ich von Mission. Der kleine Unterschied liegt in der Auffassung, wie Sie diese beiden Begriffe auslegen. Strategie beinhaltet Berechnung, Taktik oder Raffinesse, also dieselben Kriterien wie Mission. Was noch fehlt, und das ist der besagte kleine Unterschied, ist die Diplomatie und mit dieser bist du imstande, die ganze Alpenkette zu versetzen und die Verlagsleitung von unserem Handeln zu überzeugen, was mir auch gelungen ist.«

»Fantastisch, Kleiner Willy, ich war stets von dieser renommierten und großen deutschen Tageszeitung angetan, auch wenn sie von Gesinnungsfreunden am Überleben erhalten wird. Na, und welchem Medienunternehmen möchten Sie als Nächstes ins Gewissen reden?«

»Schon geplant, Herr von Gurkenberg, morgen bereits steht ein Termin bei der Programmdirektion des Ersten Deutschen Fernsehens in München an, wobei ich jedoch das Bayerische Fernsehen vorziehe. Mir schwebt da eine grandiose Fiktion in meinem Denkspeicher umher, sollte ich diese bayerischen Programm-Designer davon überzeugen, hätten wir das ganze Bayernland an unserer Seite.«

»Jetzt spannen Sie mich nicht auf die Folter und spucken es schon aus, was Ihr Missionsgehirn ausbrütet, ich hoffe, das mit der taz war keine Eintagsfliege.«

»Na gut, doch zuvor schüttle ich mein Haupt über Ihren einfallslosen Plan, das missglückte Denkmal von Willi Brandt anzusteuern, ich hätte Sie für gripsreicher gehalten, wen interessiert jetzt noch diese Flughafenbauruine? Sie ist höchstens noch als Gewächshaus für Tomaten, Champignons oder Gurken zu gebrauchen. Ein dreifaches Hoch auf diese preußischen Ingenieure, die mit diesem Projekt den gesamten Ruf deutscher Ingenieurskunst zunichtemachten. Das musste einmal ausgesprochen werden, Herr von Gurkenberg, ebenso die zerbröckelnden Irrgartenquader des Holocaust-Mahnmals. Das kann doch kein Zufall sein, dass dies alles in unserer größenwahnsinnigen Bundeshauptstadt passiert. Wie kann man nur ein Areal von 19 000 Quadratmetern mit diesen Bröselbetonstelen zupflastern, hätten sie lieber ein Bauwerk in der Art eines Obelisken errichtet und drum herum Grünflächen angelegt, das hätte mehr zum Nachdenken gemahnt. Doch nun wieder zu meinem Vorhaben. Ihnen als verwurzeltem bayerischen Freiheitskämpfer muss ich die Supererfolgsserie Dahoam is Dahoam sicher nicht näher erläutern. Einschaltquote um die eine Million, und das täglich von Montag bis Donnerstag. Wenn es mir gelingt, den Drehbuchautor zu überreden einen paradiesnahen, klapprigen und doch rebellierenden Rollator-Kämpfer in die Serie einzubauen, würde erstens die Quote gewaltig ansteigen und zweitens wäre das für uns eine immense kostenlose Werbung für neue Mitglieder.«

»Kleiner Willy, eigentlich sollte ich Sie in Gigantischen Willy umtaufen. Großartig, einfach phänomenal, deutschlandweit würden sämtliche Pflegeheiminsassen täglich diese Sendung verfolgen, den vierten Frühling verspüren und in unseren Verein eintreten. Ich hätte bereits die Besetzung für diese Person parat. Opa Preissinger, ein Mann ohne Furcht und Tadel. Dieser ausdrucksstarke Schauspieler könnte diese Rolle am überzeugendsten darstellen. Los, los, auf was warten Sie noch? Starten Sie Ihre BR-Missionsarbeit und wenn Sie sich schon in der bayerischen Landeshauptstadt aufhalten, pflegen Sie Kontakt zu diesem äußerst linken Mitte-links-Verlag. Na, wie ist der Name gleich wieder?«

»Herr von Gurkenberg, meinten Sie dieses süddeutsche SPD-Hausblatt?«

»Genau, Herr Kleiner! Mich wundert es schon lange, dass die Verlagsleitung den Zeitungsschriftzug nicht rot einfärbte und nach wie vor schwarz bevorzugt.«

»Eine Frage noch, bevor Sie abreisen. Müssen Sie es Ihrem Kardinal gleichtun und mit diesen Dreitagesborsten herumlaufen? Mir kommt es vor, dass die Männer sich von Tag zu Tag hässlicher präsentieren, um auf sich aufmerksam zu machen. Ich finde dies einen Rückfall in die Steinzeit. Die sind wohl zu faul und bequem morgens ihr Reibeisen zu entfernen.«

»Also bitte, das ist Einmischung in die Privatsphäre.«

»Nichts für ungut, Herr Kleiner, das sehe ich aber anders. Privat bedeutet, nicht für die Öffentlichkeit bestimmt, intim, oder nicht offiziell. Wenn Sie an Ihrem Arsch Ihre Stoppeln wuchern lassen würden, so ist das Ihre Privatsphäre und Ihre Mitmenschen würden dies akzeptieren.«

»Herr von Gurkenberg, ich kritisiere auch nicht Ihre Schmalzfrisur oder ihre extravagante und narkotisierende Ausdünstung, deswegen lassen Sie mir meine Freiheiten und sorgen dafür, dass Ihre Friedhof-Deserteur-Truppe in Schwung bleibt. Verraten Sie mir lieber Ihren nächsten Feldzug?«

»Sie hatten den richtigen Riecher, als Sie mir vom Marsch auf die Flughafen-Attrappe Berlin-Brandenburg abrieten. Was halten Sie von meinem folgenden Vorschlag? Als Nächstes hätte ich eine bundesweite Offensive gegen Kabarettisten in Planung, die den Begriff Meinungsfreiheit wie ein satirisches Gummiband überdehnen, um damit unter die Gürtellinie des oder der Betroffenen zu zielen. Das johlende Publikum erkennt die Auswirkung und Beschädigung dieser hinterhältigen Diffamierung erst, wenn wieder eine Person beziehungsweise eine ganze Institution diskriminiert wurde.«

»Puh, da trauen Sie sich aber auf dünnes Eis, lieber von Gurkenberg, obwohl einige dieser Schmähprediger eine lebenslängliche Knebelung verdient hätten. Sind denn Ihre betagten Führungsoffiziere damit einverstanden?«

»Und wie. Auf unserer jährlichen Weihnachtsfeier, die wir stets bei den verschiedenen Ausgabestellen der städtischen Tafeln veranstalten, diskutieren wir mit Vorliebe solche brandheiße Themen, um zu prüfen, welche Nervenstärke unsere ergrauten Mitstreiter noch aufbringen. Dass einige davon ermattet über ihrem Vierrädler zusammenbrechen, ist bezweckt, um eine dynamisch auftretende Einsatztruppe zu gewährleisten. Solche brisanten Problemfälle bevorzugen wir immer zu dieser besinnlichen Jahreszeit.«

»Sehr clever, Herr Graf, aber wo befinden sich da Ihr humanes sowie Ihr christliches Denken und Handeln?«

»Wie bitte, Kleiner Willy, ich wäre nicht fürsorglich und klerikal? Da sind mir einige Ihrer zum Priester geweihten Kollegen bekannt, die die Heilige Schrift zum eigenen Vorteil auslegen, denen würde ich sehr gerne die Leviten lesen.«

»Das wäre doch die nächste Aktion, die Sie starten könnten, Herr von Gurkenberg.«

»Um Gottes willen, die katholische Kirche musste in der Vergangenheit genug Prügel einstecken, aber eigenartigerweise vorwiegend nur in Deutschland. Vieles wurde zu Recht, doch mehr zu Unrecht angeprangert. Wie kürzlich, als der Heilige Vater sich über die Kindererziehung ausließ. Wer von uns bekam von seinen Eltern noch nie einen Klaps auf den Hintern, ohne dass wir im Erwachsenenalter einen Psychiater benötigten? Über diese Nebensächlichkeit zerreißen sich die Medien hier im Lande ihre Mäuler und verschwenden damit Zeitungspapier und Sendezeiten. Und dann das Höchste, beim Kölner Faschingszug verweigerten demutsvolle Verantwortliche zwei islamkritischen Karnevalswägen die Teilnahme. Aber unseren Papst diskriminieren sie als prügelnden Erzieher. Ich zitiere einen Auszug des Buches, Schreckensszenarien einer völlig entgleisten Gesellschaft, das zehn Universitätswissenschaftler aus unterschiedlichen Fachgebieten als Weckruf verfassten. Dass mittlerweile in Mitteleuropa offen gelebte Religiosität eher ein Verdachtsmoment als ein Tugendausweis ist.«

»Gut, gut, gut, Herr Graf, Sie haben mich überzeugt.«

»Na, auf was warten Sie noch, los ab an die Front, Herr Berichterstatter, und erfolgreiche Mission in Bayerns Hauptstadt.«

Kabarettisten-Schelte

»Alle Kompanieführer zur Planung unserer Vorgehensweise gegen diese unerzogenen Kabarettisten im Rapportsaal antreten. Platziert euch! Wurde das gesamte Kartenkontingent der Veranstaltungen der betroffenen Schmähredner aufgekauft? Bravo! Kompanieführer heraustreten! Veranstaltungsorte und die agierenden Künstler bekannt geben!«

12. Kompanie nach München, Lästerbühne Schlachthof, Darsteller: Sigi Schandmaul, Agül Boshaft, Luise Labergoschen, Michael Alteisen, Christian Heuschrecke.

19. Kompanie besucht Mainz, ZDF (Zynisch Dreist Flegelhaft), Akteure: Max Lümmel, Claus von Frechheit, Stefan Atheist, Oliver Schamlos.

34. Kompanie reist nach Nürnberg und stürmt das Franken-Arena-Studio des BR. Auftretende: Helmut Unsinn, Ingo Impertinenz, Urban Respektlos.

»Meine Herren, lasst uns noch einmal die Vorgehensweise proben. Bei Beginn der Veranstaltung stürmischer Beifall. Während des Vortrags Grabesstille, kein Lachen, kein Kichern, keine Mimik. Sollte jemanden während der Darbietung Heiterkeit überfallen, sofortige Knebelung. Der Schlussapplaus besteht aus ohrenbetäubendem Pfeifen und abfälligen Buhrufen. Vergesst bitte nicht, bei den Betroffenen handelt es sich um eine Brut, die sich durch diese antiautoritäre Erziehung in den 60er und 70er Jahren zu aufsässigen, unerzogenen und disziplinlosen Subjekten entwickelte. Orientierungslos stolperten sie durchs Leben, bis sie in das Sammelbecken des Spotts fielen. Und nun parodieren diese Giftprediger, umjubelt von hysterisch klatschenden Ihresgleichen, bundesweit auf schlüpfrigen Bühnen und Zwangsgebührenbeitrag verschwendenden Fernsehanstalten. Die Letzteren müssen sich über diese Betitelung nicht empören. Zur Aufrechterhaltung ihrer undurchsichtigen Kostenauflistung erhalten die ausgebeuteten Zuschauer von diesen größten Konservenfabriken im Lande aufgewärmte und lauwarme Kost serviert. Haben Sie noch Fragen? Ja bitte! Sie können nichts Negatives über das Fernsehprogramm sagen? Natürlich nicht, Sie schauen sich nur lehrreiche und werbungsfreie Unterhaltungsprogramme an? Nennen Sie mir doch einen Titel. Sie möchten aus dem riesigen Angebot keinen bevorzugen? Machen Sie doch kein Geheimnis daraus, präsentieren Sie mir Ihre sogenannten Bildungsfavoriten.«

»Wie Sie wünschen, Herr von Gurkenberg. Lanz kocht, ARD-Buffet, Kochkunst, Volle Kanne, Das perfekte Dinner, Lafer! Lichter! Lecker!, Kochen mit Martina und Moritz, Grill den Henssler, Herzhaft & süß, Hessen à la carte, Polettos Kochschule, Küchenchefs.« »Schluss!« »Jamie at Home, iss was?, Die Kochprofis – Einsatz am Herd.«

»Aus, Ende, stopp!«

»Das Wunschmenü, Topfgeldjäger, 2 Mann für alle Gänge, Kuchenkönigin, Kaffee oder Tee, Schuhbecks, Frisch gekocht und ...«

»Schweigen Sie endlich, Sie, Sie, Sie geistesgestörter Instantsuppenschlürfer. Das bezeichnen Sie als schöpferische Unterhaltungssendung, wenn Gastronomieclowns in Küchenstudios Typs fürs Fischentgräten geben, Knoblauch zerkleinern und anschließend mit ihren Fingern die Nachspeisen garnieren. Diese Kochkittelbeschmutzer sollten sich lieber um ihre überteuerten Gourmettempel kümmern, als durch sämtliche Programme zu tingeln. Und die Besucher dieser Miniportionslokalitäten bewundern die abstrakten Kunstobjekte auf ihren verödeten Tellern und steuern anschließend einen Currywurststand an. Ja geht's noch! Jetzt begreife ich auch, dass die Wahlbeteiligung auf Talfahrt geht bei diesem Volk von Gastronomie-Fernlehrgangsakademikern, da bleibt für die Allgemeinbildung keine Zeit mehr zur Verfügung. Ach, welche Hoffnung setzte ich in unsere junge Zukunftselite, jedoch letzten Endes musste ich mir eingestehen, jeder noch so kleine Handwerker hat mehr Grips und Fähigkeiten als diese Hörsaalschläfer. Ich plädiere für das Erlernen eines Handwerksberufes, bevor die Zulassung für das Studium erteilt wird. Nur mit diesen Maßnahmen wird den Studierenden Arbeitseifer, Pünktlichkeit, Kooperation, Auffassungsgabe und Grundwissen vermittelt.«

»So, Herr Kompanieführer, unterweisen Sie jetzt Ihre Truppe und dann Abmarsch.«

Herrlich, diese Schlagzeilen. Kabarettist Michi Michimeier ausgebuht! Bayerns Satire-Mama Luise Labergoschen erlitt Schreikrampf auf der Bühne! Comedystar Oliver Schamlos entschuldigt sich! Sprachlos, Sigi Schandmaul versagt Stimme! Das Ende eines Kabarettisten. Claus von Frechheit stürzt sich von der Bühne! Ausgebuht! Ingo Impertinenz schlägt sich mit Publikum! Helmut Unsinn erleidet Stotterschock. Ende einer Karriere! Urban Respektlos widerfährt Mundblockade! Da sage mir keiner, dass eine Minderheit die Welt nicht verändern kann. »Liebe Leser, das vorherige Zitat ist erklärungswürdig, denn ich verstehe unter dieser Minorität einen kleinen Prozentsatz von der großen Menge Gleichdenkender, die ihre Unzufriedenheit nicht im stillen Kämmerlein zum Ausdruck bringen. Die schweigende Masse verhält sich in kritischen Situationen stets in Demutshaltung, die uns in der Vergangenheit anerzogen wurde. Kuschen, nicht aufbegehren, schweigen statt Kritik üben, Fehlverhalten bagatellisieren. Und ob ich Ihnen Beispiele nennen kann. Gestehen sie sich's doch ein, wie oft sie einer Situation gegenüberstanden, die sie innerlich zur Weißglut trieb, um diese dann mit einem künstlichen Lächeln zu phlegmatisieren. Verkehrsmittelbnutzer können da nicht ein Lied, sondern ein ganzes Liederbuch vorsingen. In der einen Hand einen Becher Kaffee, in der anderen ein klebriges Gebäckstück, so hocken sich diese mampfenden Frühstücksverweigerer ihnen gegenüber, wischen die Brösel auf ihre Schuhe und hinterlassen beim Aussteigen ihren Müll. Sie sind dem rechten Nachbarn ausgeliefert, seine nervtötende, akustische Vergewaltigung aus seinen Ohrstöpseln mitanzuhören, und links von ihnen quatscht ein Afrikaner mit der Lautstärke eines trompetenden Elefanten mit seinen Verwandten in Angola oder Nigeria, während seine Frau die fünf Kinder verköstigt, das kleinste an ihrem Zapfhahn abfüllt und das sechste streichelt, das sich noch in der Warteschleife befindet. Da blockiert es meine Zukunftsgedanken, wenn ich an die Bevölkerungsexplosion in 15 Jahren denke, aber bis dorthin sitzen unsere kurzsichtigen Politiker bereits in ihren Haziendas und blicken auf das Verderben der deutschen Nation. Besonders aggressiv sind diese Rucksackträger, zuerst quetschen sie ihren Hintermann gegen die Haltestange, um ihn im nächsten Augenblick, durch eine Drehung, vollends k. o. zu schlagen. Wer niemals ein öffentliches Verkehrsmittel benutzt, wird sicherlich meine Kritik als unsolidarisch bewerten. Gerne lade ich diejenigen zu einer Sonderfahrt in U- oder S-Bahnen ein, um sich selbst von dem harmonischen Verhalten zu überzeugen. Ein Erlebnis ohnegleichen, eine kulturelle Bereicherung in Wort, Gestik und Kriminalität. Die solidarische Begeisterung dreier deutscher Fahrgäste, die von der Arbeit kommen, zu den 68 Andersfarbigen mit Freifahrtscheinen ist ihnen an den angstverzerrten Gesichtern abzulesen. Sie sitzen eingeschüchtert mit hängenden Köpfen auf der Bank und warten sehnsüchtig darauf, das Verkehrsmittel zu verlassen. Merkwürdig, wo haben sich diese Willkommensklatscher versteckt? Ihr Horizont lässt sich mit der Mehrheit unserer kurzsichtigen Politiker vergleichen. Zuerst sprachen sie von einem Betrag von 50 Millionen, um ein halbes Jahr später eine Schätzung von 50 Milliarden zu veranschlagen, und plötzlich innerhalb eines Monats erkennen diese toleranten Wendehälse, welchen intoleranten Schaden sie dem deutschen Volke (Pack) zuführten. Zu dieser Passage möchte ich an den mit Missbilligungen überhäuften Thilo Sarrazin erinnern, dessen Buchtitel – Deutschland schafft sich ab – den Nagel auf den Kopf trifft. Und trotz diesem Desaster, predigt dieser bayerische Verkünder in grünem Gewande unaufhaltsam seine Thesen vom Tolerantismus weiter. Ach, was hatten wir früher für eine Lebensfreude, und heute erschrecken sich die Menschen, wenn in ihrer Umgebung jemand herzhaft lacht und ihnen mit freundlicher Mimik ein Lächeln entlocken möchte.

Was ist nur aus dem Land der Dichter, Denker, Komponisten und Vollblutpolitiker geworden? Unsere Gegenwartsphilosophen zermartern sich ihre Gehirne, diesen Fingerkuppengeschädigten einen neuen Geist einzuhauchen. Gelingt ihnen jedoch nicht, da die vollkommene Verblödung durch die Blödheit der Anwender dieser Gehirnwäschemaschinerie innerhalb eines Jahrzehnts ein Ausmaß erreichte, das Denkvolumen der Abhängigen dem des Neandertalers gleichzusetzen. Schlaftrunken geistern diese einarmigen Dauerstreichler durch die Stadt, behindern eilige Passanten, verschütten ihren Kaffee, den sie mit der anderen Hand balancieren, während sie mit einem Finger Banalitäten verfassen. Diese Gestörten scheuen sich nicht einmal während Konzert- und Opernbesuchen davon abzulassen, als ob sie auf einen persönlichen Willkommensgruß des Dirigenten oder des Intendanten warteten. Ausgesprochen widerlich empfinde ich diese suchtkranken Automaten, wenn man einen erholsamen Spaziergang unternimmt, sich der Natur erfreut und dann auf solche selbstgesprächsführenden Alleinunterhalter trifft, bis man feststellt, dass sie mittels ihrer Ohrenstöpsel ein Gespräch führen. ›Schatzilein, in zwei Minuten bin ich zuhause, du kannst mir in einer Minute die Tür öffnen, aber vorher schalte bitte den Klapprechner ein.‹ Oder neulich musste ich mithören, wie eine Frau sich mit ihrer Freundin unterhielt. ›Ach, Trude, ich kann mich nicht entscheiden, Ulli ist so schön und lieb, Siegfried ist super wie eine Kanone und Alexander ist um drei Jahrzehnte älter und um fünf Jahrzehnte wohlhabender.‹ Doch das Schärfste erlebte ich gestern im Supermarkt. Ruft da nicht so ein Ehegartenzwerg seine Frau an und frägt sie: ›Liebling, auf dem Einkaufszettel steht das Wort Zucchini, kannst du mir nicht davon ein Bild posten, und Gelbe Rüben führen die nicht, meinst du, dass ich dafür auch Karotten bringen darf?‹ Ich dachte mir dasselbe, was auf seinem Display erschien. Du Trottel.

Auch meine Erlebnisse als Rollstuhlfahrer muss ich erwähnen. Warte geduldig auf den Lift, um einige Stockwerke aufwärtszufahren. Was geschieht wohl dann? Flink und behände drücken sich diese Treppenverweigerer an mir vorbei und verschwinden im Lift, zucken mit den Schultern, so als versuchten sie mir mitzuteilen, mir würde das Treppensteigen auch nicht schaden. Doch augenblicklich stößt mein Schatzi einen schauderhaften Schrei aus, katapultiert mein Gefährt mit gefühlten 100 PS in die Menschenmenge und nachdem sich das Krachen und Knacken der Extremitäten beruhigte, setzt sie mit den Worten, sehr zuvorkommend, den Lift in Bewegung.«

»Ja, von Gurkenberg. Oh, mein lieber Generalmajor Milzbrand, von wo rufen Sie mich denn an? Sie denken, ich möchte das gar nicht wissen? Wenn ich Ihr Alter nicht wüsste, würde ich auf ein verkehrsreiches Etablissement zur lustigen Witwe tippen, wegen des schwülstigen Gequakes im Hintergrund. Wie, das sind die Enkelinnen der Witwe? Mensch, Milzbrand, Sie gehen doch schon auf die neunzig. Ach so, Sie sind der Witwer der Witwe. Ja, aber wer ist denn dann der Überlebende von beiden? Muss ich das jetzt verstehen? Aha, Ihre Witwe ist nicht Ihre Frau? Aber klar, ich vermutete, die lustige Witwe wäre Ihre Hinterbliebene. Und die Enkelinnen wohnen noch bei der lustigen Oma? So, so, nicht in familiärer Gemeinschaft, sie sind freischaffende Künstlerinnen, jede bewohnt ein eigenes Appartement. Verstehe und die lustige Witwe ist deren Puffoma und Sie der Puffopa. Na, na, na, wie würden Sie sich dann bezeichnen? Freischaffender Freier? Das hätten Sie mir am Anfang schon verraten können, Sie geiler alter Knacker. Weswegen wollten Sie mich sprechen? Der geile alte Knacker ist geil auf den nächsten Einsatz? Milzbrand, sind Sie überhaupt noch einsatzfähig? Ich soll die Enkeltöchter der Witwe fragen? Gerne, wenn Sie mir einen Gutschein für zwei Stunden aushändigen. Was? Bei der Qualität des Personals verlässt jeder Besucher bereits nach fünf Minuten erleichtert die Oase der dauergewärmten Matratzen. Mein lieber Haudegen, auf diese Fließbandabfertigung verzichte ich, stattdessen tobe ich mich mit meiner Secondhand-Rollatoren-Armee bei einem Protestmarsch aus. Und ob mir da schon etwas vorschwebt. Zuerst starten wir mit einem kleinen Trupp nach Berlin und anschließend nehmen wir uns die Brüsseler Spitzen in ihrem Siesta-Quartier an die Brust. Milzbrand, ausgezeichnet, wie Sie meinen Plan durchschauen. Was gibt es zurzeit auch für andere Ärgernisse als diese unerzogenen, peinlichen, unqualifizierten, griechischen Spitzbuben, die sämtliche europäische Regierungen und ihr eigenes Volk zum Narren halten, und das unendliche Geschwafel über die Verteilung der afrikanischen und nahöstlichen Pilger. Da lob ich mir die Eidgenossen, die über solch zwiespältige Entscheidungen abstimmen dürfen. Es wundert mich keinesfalls, wenn in dieser turbulenten Zeit die europäischen Rechtsparteien, unterstützt durch die rückgratlosen Regierungen, die Situation nutzen, um sich mit der Denkweise der Bürger zu solidarisieren. Lange Rede kurzer Sinn, trommeln Sie Ihre Kämpfer und Amazonen zusammen, denn die Zeit drängt, die parlamentarischen Abstimmungsroboter wurden bereits manipuliert, um beim Urnengang ein befohlenes Ergebnis zu präsentieren. Besprechen Sie sich mit Feldmarschall Wirbelsteif, wann wir frühestens die Offensive starten können. Sind Sie sicher? Und ich erfahre davon als Letzter? Natürlich konnte er mich, nachdem er in der Regentonne ertrank, nicht mehr benachrichtigen, aber das entschuldigt sein Verhalten nicht. Ersatz folgt, werde Ihnen Feldmarschall Nabelbruch a. D. zur Seite stellen. Erbitte Meldung, wann Abmarsch erfolgt.«

Neues aus München

»Wer spricht? Aha, Berichterstatter Kleiner Willy, Ihre Existenz hat sich beinahe aus meinem Denken verabschiedet. Lassen Sie hören, mit welchen Tricks Sie die ansässigen Medien in unser Boot zwangen. Was, Ihre Mission ist gescheitert? Das mit der Sozi-Zeitung kann ich begreifen, bei solch einem mit Scheuklappen versehenen Juristen als Chefredakteur, der nur seinen Journalismus als den einzig wahren identifiziert. Aber weshalb ging Ihre Überzeugungsarbeit beim Bayerischen Rundfunk in die Hose? Ach, wie traurig, der einzige Mitwirkende, der uns vorschwebte und Stimmung in diese Seifenoper Dahoam is Dahoam brachte, verstarb überraschend. Dieser Alois Preissinger alias Erich Hallhuber war ein Original, das seinesgleichen suchte, ein Grantler mit weichem Herzen. Schade, er wäre das perfekte Werbeobjekt für unseren Verein gewesen.«

»Wiederholen Sie noch einmal. Das glaube ich jetzt nicht, Sie verarschen mich. Sie hatten eine Audienz bei König Horst, obwohl gegen Ihn zurzeit ein wahrer Verleumdungsterror veranstaltet wird? Was soll das bedeuten, gerade jetzt? Dieses Schlitzohr, mit diesem grandiosen Schachzug hat sich Horst unsterblich gemacht. Nein, ich glaub es nicht, wenn diese Strategie aufgeht, werden sich all seine Kritiker vor ihm in den Staub werfen. Und die Verhandlungen sind bereits abgeschlossen? Die Tinte ist noch feucht? Herr Berichterstatter, was trägt dieser Verbund für eine Bezeichnung? Vereinigte Alpenländische Union, VAU, und Sie wurden als bayerischer Botschafter für Österreich und die Schweiz auserkoren? Wau, gratuliere zum apostolischen Nuntius des diplomatischen Corps. Ist meine Annahme richtig, dass der Zweck dieser Union dem Schließen der südlichen Grenzen dient? Da müssen Sie jetzt gar nicht so geheimnisvoll nach Ausflüchten suchen, die Meldung geistert seit einer Stunde durch sämtliche Nachrichtenkanäle und wurde vom österreichischen Innenminister persönlich bei einer Pressekonferenz verkündet. Was, diese ist bereits Makulatur?«

»Sämtliche Balkanländer, Italien sowie Frankreich sind dem Verbund kurzfristig beigetreten und alle VAU-Mitgliedsstaaten erwarten, dass Horst Seehofer die Präsidentschaft übernimmt?«

»Diese Huldigung gönne ich unserem Horst, was musste er sich für Gemeinheiten von seinen Kontrahenten insbesondere aus Berlin über seine Vorschläge zur Eindämmung der Flut alles gefallen lassen. Mein lieber Berichterstatter Kleiner Willy, darf ich von der Annahme ausgehen, dass Sie sich nun voll Ihrer Aufgabe als Botschafter hingeben und aus meinen Diensten scheiden?«

»Wo denken Sie hin, lieber Graf von Gurkenberg, mit Sicherheit stehe ich Ihnen weiterhin zur Verfügung. Gerade jetzt, da mir Einblick hinter die Kulissen des politischen Geschehens gewährt wird. Kapieren Sie, was das für Ihre Greisentruppe für Vorteile bringt? Hallo, ist die Verbindung abgebrochen?«

»Nein, nein, mein Hirn muss diese Chance erst verarbeiten.«

»Überfordern Sie Ihren Verstand nicht, lieber Graf, überlassen Sie mir das Konzept für Ihre nächsten Vorhaben. Bei einer Audienz bei meinem Kardinal schrieb ich im Wartesaal den Text für das Attackenlied Ihrer Rollatoren-Armee auf die Melodie der bayerischen Hymne. Erschrecken Sie nicht, ich trage es Ihnen jetzt vor.

Rollatoren-Armee-Hymne

Keiner wird uns jemals stoppen,
wenn wir ins Gefechte zieh'n,
wir sind treu und hartgesotten,
gerechte Politik ist unser Ziel.

Und sind wir auch nur Invaliden,
schwer beschädigt Leib und Geist,
kämpfen wir, um zu siegen,
für Fairness und Gerechtigkeit.

Die letzten Stunden unsres Lebens,
dem Heimatlande zum Geschenk,
dass unsre Kämpfe nie vergebens
und Recht und Freiheit ewig hält.‹«

»Lieber Kleiner Willy, gut, dass wir uns telefonisch unterhalten, so sehen Sie meine Rührung nicht, die Ihr ergreifender Text auslöste, nur die Melodie war nicht die Bayernhymne, sondern die Internationale. Hat Sie bereits der Größenwahn ergriffen?«

»Oh, wirklich? Aber sie drückt doch die Kampfeslust viel besser aus und bringt mehr Schwung in Ihre klapprige Truppe.«

»Sie müssen sich über meine alte Garde nicht lustig machen, in Ihrem jetzigen Job wird Ihnen so manch Landesfürstin und -fürst begegnen, die zwar rüstiger sind, jedoch deren Gehirne sich bereits vor der Abdankung befinden. Diese wiederholen kontinuierlich ihr Geschwafel, obwohl sie selbst nicht mehr daran glauben.«

»Also bitte, Herr von Gurkenberg, wenn Sie mein Engagement als Job bezeichnen und die Staatsvertreter als Kleingehirne, so besitzen Sie das Denkgeschlinge eines Melolontha Vulgaris.«

»Warum sprechen Sie um den Brei herum, sagen Sie doch gleich Maikäfer. Eigenartig, kaum befinden Sie sich in diesen erlauchten Kreisen, schon bröckelt Ihre bisherige bürgerliche Gesinnung.«

»Verehrter Graf, vergessen Sie nicht, dass ich ein Mann des Theologiestudiums bin, da ist die Betrachtungsweise wesentlich intellektueller als bei einem Ihresgleichen. Das ist auch das Grundübel, dass der kleine Mann auf der Straße unser Handeln nicht begreift.«

»Na, sehen Sie nun selbst, dass euer politisches Handeln nicht begreifbar ist. Jeder, auch die Frau und der Mann auf der Straße, wie Sie unsere proletarischen Bürger titulieren, bringen reichlich Einfühlungsvermögen auf, wenn eure Versprechen aufrichtig und ehrlich ausgesprochen und eingehalten werden. Vielleicht vollbringen Sie als Seelsorger ein kleines Wunder, dass Ihre neuen Freunde wieder zur Wahrheit konvertieren.«

»Ja, in welcher naiven langlebigen Welt sind Sie denn zuhause? Versprechen oder Verträge, die früher über Jahrzehnte Bestand hatten, deren Vereinbarungen sind heutzutage bereits vor der Ratifizierung überholt.«

»Verstehe, dann sind Versprechen und Aussagen von Politikern bereits vor deren Verlautbarung unglaubwürdig.«

»Sie verstehen überhaupt nichts. Ihre Auffassungsgabe über politische Aktivitäten von Regierungsangehörigen ist vergleichbar mit einer Ölsardine. Kopflos und ohne Rückgrat.«

»Oh, lieber Kleiner Willy, damit haben Sie sich aber selbst ins Knie geschossen. Bei der Überzahl von deutschen Staatsbürgern funktioniert das logische Denken besser als das von Beratern, Weisen und Staatssekretären umschwirrten Staatsoberhäuptern. Wer denn muss den islamischen Eintopf vertilgen, der uns von einer eigensinnigen, unbedachten Ölsardine eingebrockt wurde? Ihnen halte ich zugute, dass Sie Ihre Dienste den revoltierenden Ländern anboten, die mit ihren Maßnahmen der Einladungshysterie einen Schlagbaum vorsetzten.«

»Weshalb führten wir denn dieses Streitgespräch, wenn wir doch einer Meinung sind? Das erinnert mich an die Bundestagsparteien, die sich vor den Medien zerfleischen, um nachher frohgelaunt sich über ihren Scheinschlagabtausch zu amüsieren. Verzeihung, mein Führungsstab meldet sich.«

»Das ist ja toll, Generalmajor Milzbrand, Armee steht zum Abmarsch bereit. Geben Sie den Befehl zum Aufbruch, stoße am Brandenburger Tor dazu. Bitte signalisieren Sie der Presse unser Eintreffen.«

»Hallo, Kleiner Willy, soeben die Weisung gegeben, den Bundestag einzunehmen. Geheimcode lautet: Hart, aber fair. Ihre Teilnahme ist erwünscht, jedoch nicht Bedingung. Bitte um Report aus München.«

»Lieber Graf, Sie wissen doch, dass Kontrovers nicht meine Sache ist, noch dazu bin ich zur Münchner Runde geladen, die wesentlich mehr Kontraste bietet als das Panorama der Bundeshauptstadt. Gutes Gelingen.«

2. Marsch nach Berlin

»Na, Generalmajor Milzbrand, wie ist die Lage, alle Abteilungen vor Ort?« »Generalstabsmäßige Ausführung, alle Truppenteile eingetroffen, stehen zum Einmarsch in die Volksvertretungshochburg bereit. Kleines Malheur, Feldmarschall Nabelbruch von Straßenwalze überrollt, vermute Totalausfall.« »Wie kam es zu diesem bedauerlichen Unglücksfall?« »Es hatte den Anschein, der Feldmarschall überschätzte seine eigene Geschwindigkeit. Straßenreinigung ist bereits vor Ort.« »Also, keine aufwendige Bestattung. Treffpunkt 14 Uhr am Einlass. Benötige 50 agile Haudegen mit Krückstockkampferfahrung und Vertrautheit unserer Hymne.«

»Bemüht euch bitte im Gleichschritt in den Plenarsaal zu humpeln und gefälligst aus voller Kehle zu singen, nicht johlen. Einmarsch!«

»Sehr geehrte Frau Ministerin von der Leyen, bitte überlassen Sie mir für 30 Minuten das Rednerpult. Aha, Sie berichten soeben über die Modernisierung unserer Streitmacht? Ach, verzichten Sie doch auf dieses Pro-forma-Referat, ein Blick zu Ihrer Chefin und dem Finanzminister lässt erahnen, dass dafür keine Mittel vorhanden sind, Ihren armseligen Maschinenpark wieder flottzukriegen. Wie? Das ist aber nicht Ihr Ernst, dass Sie dies als oberste Priorität empfinden, das einzige Privileg, über das seit über einem Jahr hier in diesem Saal diskutiert wurde, sind Flüchtlinge, Migranten, Einwanderer und Asylsuchende sowie Füllhorn ausschüttende Maßnahmen über schwächelnde und korrupte EU-Mitgliedsstaaten. Frau Ministerin, bitte nehmen Sie endlich Platz. Danke!«

»Liebe Logenplatzinhaberinnen und -inhaber, liebe Parkettbesetzerinnen und -besetzer. Mit unterdrückter Freude stehe ich wieder vor Ihnen, dem besagten Hohen Hause, dessen Name sicherlich von der hoch über Ihnen emporragenden Kuppel herrührt, weniger von dem Geschehen, was sich darunter ereignet. Mir ist völlig bewusst, nicht täglich eine erleuchtende Eingebung wahrzunehmen, jedoch im Ablauf eines Jahres sollten doch auf unsere deutsche politische Elite einige Geistesblitze niedergehen. Hier wende ich mich nun geradewegs an Sie, sehr verehrte Frau Bundeskanzlerin, mit den Worten, dass Probleme sich nicht von alleine lösen und Völkerwanderungen schon gar nicht. Blicken wir zurück auf Ihre unendlich lange Regierungszeit, die Ihnen den Titel einbrachte, Europäerin mit Herz und Duldsamkeit. So darf ich Sie nun darauf hinweisen, dass sich inzwischen einiges veränderte. Vielleicht sind Sie noch nicht in der Gegenwart angekommen und beurteilen die Unruhe bei den Bürgern als kleines Störfeuer, das von selbst wieder erlischt. Jedoch der Flächenbrand, der sich durch alle Gebiete Ihres Imperiums zieht, müsste Sie doch abrupt zur Umkehr zwingen. Bedenken Sie, Sie sind in erster Linie Kanzlerin des deutschen Volkes, nicht des aus 28 Nationen bestehenden europäischen Großreiches, dessen Struktur die Beschaffenheit eines Schweizer Emmentalers aufweist und auch mit inflationären Maßnahmen nicht die Qualität eines Parmesans erreicht. Auch bedenken Sie, Deutschland besitzt in arabischen und afrikanischen Ländern keine Kolonien, um sich für deren Bewohner verantwortlich zu fühlen. Dies ist alleine die Aufgabe der Regierenden dieser Staaten, denen in der Vergangenheit Billionen von Entwicklungshilfe ausbezahlt wurden, ohne eine wirtschaftliche und strukturelle Verbesserung zu erkennen, und es wird weiterhin Geld in einen Kontinent ohne Boden geschüttet. Hilfsorganisationen rackern sich vor Ort ab. Und mit was für einem Erfolg? Internationale Friedenstruppen bemühen sich um Entspannung zwischen verfeindeten Ländern und Stämmen. Und mit was für einem Resultat? Es wurden tausende von Brunnen errichtet, um der Bevölkerung die Landwirtschaft zu ermöglichen. Und mit was für einem Ergebnis? Eine Unmenge von Schulen und Bildungsstätten wurde etabliert. Sehen Sie bereits eine Verbesserung des Bildungsniveaus? Der einzige Lernprozess daraus, die

Unterrichteten konnten ihre Einladung auf den I-Pods lesen. Auch Ihre Argumentation, Deutschland vergreise ohne Zuwanderung, ist meiner Ansicht nach falsch und durch Zuzug von kinderreichen Familien aus aller Staaten Länder südlich des Mittelmeeres sogar katastrophal. Nehmen Sie einmal Einblick in die Geburtenstatistik des vergangenen Jahres, die eine Kurve nach oben aufweist. Ich muss Ihnen das nicht näher erläutern, Ihnen als Physikerin ist die Legende vom Schachbrett und den Reiskörnern sicherlich bekannt.«

»Nein, liebe Frau Bundeskanzlerin, ich bin mit meinen Ausführungen noch nicht zu Ende, auch wenn Sie meine Argumente langweilen, hole ich zu einer weiteren Vorhaltung aus und unterbreite Ihnen die Sorgen meiner Rentnerarmee. Ein Großteil von ihnen ängstigt sich, den Lebensunterhalt nicht mehr aufzubringen. Ihre kleinen Ersparnisse sind aufgebraucht, Anschaffungen unmöglich, Mieten übersteigen oft die geringfügige Rente, Verschuldung, erzwungener Auszug aus ihren Wohnungen. Wie bitte, der Staat zahlt großzügiges Wohngeld? Ihr lapidarer Einwurf entbietet jeglichem Sachverstand. Ich denke, dies ist nicht das erste Mal, dass Ihnen jemand eine Rechenaufgabe vorlegt. Frau Müller bewohnt in München seit 35 Jahren eine Dreizimmerwohnung, deren monatliche Miete 895 € plus 185 € Betriebskosten beträgt. Sie bezieht eine Altersrente in Höhe von 795 € für 45 Berufsjahre, zusätzlich erhält sie eine Witwerrente von 435 €. Hiermit stehen einer Einnahme von 1230 € Ausgaben in Höhe von 1080 € entgegen. Die ihr für einen Monat zur Verfügung stehenden 150 € verwendet sie für Nahrungsmittel. Sollte Frau Müller Wohngeld beantragen, würde sie 36 € Zuschuss erhalten. Mit dieser jämmerlichen Zuzahlung ist Frau Müller trotzdem gezwungen ihre Wohnung aufzugeben und in eine Zweizimmerwohnung zu ziehen, deren Miete eigenartigerweise in München genauso teuer ist wie eine größere Wohnung. Dagegen erhält ein alleinlebender Asylbewerber 392 € netto, Wohnkosten und Sonderwünsche werden erstattet, ebenso kostenlose Benutzung von Verkehrsmitteln, kostenlose Nutzung von geschenktem

Smartphone. In München werden Wohnungsgenossenschaften von Behörden aufgefordert, leer gewordenen Wohnraum für Asylanten zur Verfügung zu stellen, deren Miete vom Staat übernommen wird. Finden Sie diese Bevorzugung von Asylbewerbern gegenüber deutschen Staatsbürgern gerecht oder ungerecht?«

»Ach, wissen Sie, Herr von Gurkenberg, bis heute habe ich darüber keine Beschwerden von meinen Bürgern erhalten, wenn das der Wahrheit entspräche, hätten mich meine Mitarbeiter darüber informiert.«

»Was Sie nicht sagen? Ihnen werden sicherlich nur die Fanpost-Briefe von Flüchtlingen ausgehändigt, die massenhaften Beschwerden und Klagen von deutschen Staatsbürgern landen dagegen im Papiercontainer, man möchte Sie ja nicht beunruhigen.«

»Bitte verleugnen Sie nicht andauernd meine Sympathie zu meinem geliebten Volk, das mich innig ins Herz geschlossen hat.«

»Hatte! Von einer Mutti erwartet man Liebe, die sie ihren Kindern entgegenbringt, indem sie auf die Sorgen und Ängste ihrer Lieben eingeht. Ich stehe Ihnen ja zu, dass die Geschehen in der Vergangenheit und Gegenwart Ihnen dazu keine Zeit mehr ließen, jedoch etwas mehr Zurückhaltung Ihrer spontanen Aktionen, und die Welt wäre in Deutschland noch in Ordnung.«

»Jetzt mal stopp, Herr von Gurkenberg! Nach dieser Standpauke, deren angesprochene Punkte mich zum Nachdenken veranlassten, ist es sicher angebracht, auch positive Leistungen im Laufe meiner Amtszeit hervorzuheben. Weswegen ist meine Beliebtheit bei meinen Bürgern und politischen Gegnern so beachtlich? Warum hat sich das Ansehen Deutschlands rund um den Globus so voluminös gesteigert? Wie erklären Sie mir, dass sämtliche Industrieländer neiderfüllt auf unsere Wirtschaft blicken?«

»Drei Fragen, eine Antwort. Sie sind immer noch nicht in der Gegenwart angekommen, wie so viele, die sich immer noch in der Vergangenheit sonnen. Sie hören nur, was in Ihnen Wohlgefühl und Stolz auslöst, Kritik oder düstere Prophezeiungen legen Sie in der

Datei ›Geht mich nichts an‹ ab. Ihre zurückliegende Amtszeit war stets geprägt von beruhigenden Worten wie, darüber müssen wir sprechen, einen Dialog suchen, nicht vorschnell handeln, abwägen, diskutieren, vertagen, verhandeln, gesprächsbereit, erörtern. Aber wo sind Ihre vorlegbaren Erfolgsergebnisse? Kommen wir noch einmal auf Ihre Flüchtlingspolitik zurück, die Sie mit Scheuklappen vorantreiben. Meine Mutmaßung, dass Sie bereits, wie eine Vielzahl unserer Politikerinnen und Politiker, dem muslimischen Glauben angehören, begründe ich in Ihrer ablehnenden Haltung, unseren Vordenkern, die Prophezeiungstheorien publizieren, keinen Glauben zu schenken. Tatsache ist, in circa 40 Jahren existieren in Deutschland und Frankreich nur noch 30 Prozent Christen, die sich der Überzahl von Muslimen unterwerfen. Ich finde es einfach ätzend, dass stets falsche Zahlen von Einwanderern ausgegeben werden. Am Jahresanfang lauteten diese 1,5 Millionen und ein halbes Jahr später servieren Sie uns 2,1 Millionen, in demselben Zeitraum. Nein, liebe Frau Bundeskanzlerin, das ist unglaubhaft, dass sich die Einwanderungsbehörde um 40 Prozent verrechnete. Das befinde ich als übles Täuschungsmanöver gegenüber der Bevölkerung. Und lassen Sie sich noch eine Mahnung zum EU-Gipfel in Brüssel auf den Weg geben, sollten Sie sich dazu bereiterklären, die Visapflicht für türkische Reisende aufzuheben, wird ein weiterer Einwanderungstsunami Deutschland überfluten. Ich frage mich, woher wollen Sie die Hartz-IV-Gelder nehmen, wenn schon heute 50 Prozent des Bundeshaushalts für Sozialausgaben und Tilgung von Staatsschulden aufgebraucht sind?«

»Herr Bundestagspräsident Lammert, bitte entziehen Sie diesem Rassisten das Wort. Er gefährdet damit den Frieden in unserem Lande.«

»Liebe Angela, blicken Sie doch in die Runde, hatten Sie in Ihrer Amtszeit jemals so einen überparteilichen Frieden in diesem Hause erlebt? Die wenigen Kopfwackler wurden von der Mehrzahl kopfnickender Kollegen überstimmt. Ich als neutraler Schiedsrichter kann in den Worten von Herrn von Gurkenberg keinerlei Rassismus erkennen, ich bin ihm sogar dankbar, dass in diesem Hause endlich Wahrheiten angesprochen wurden. Herr Kollege Bosbach und Frau Kollegin Steinbach, verzichten Sie bitte auf Beifallskundgebungen, Sie beschämen damit unsere Kanzlerin.«

»Ich verbeuge mich vor Ihnen, sehr geehrter Herr Bundestagspräsident, und bedanke mich bei den Abgeordneten für ihre konzentrierte Aufmerksamkeit. Frau Bundeskanzlerin, Ihnen wünsche ich für die Zukunft zwei glücklichere Händchen, die nicht stets Gebärdensprachenzeichen vermitteln, sondern tatenvoll zugreifen. So wahr Ihnen Gott helfe.«

»Rollatoren-Armee stillgestanden, im Gleichschritt abtreten. Halt, halt, halt, ursprüngliche Formation wieder einnehmen, Blick zu Justizminister Maas, rührt euch. Zurück, zurück, Krückstöcke bleiben am Boden.«

»Herr Minister des ausgewogenen Rechts, rechtzeitig kam mir noch das hie und da rechtswidrige Verhalten der deutschen Rechtssprecher in den Sinn. Ich vermisse das rechte Maß in der rechtmäßigen Anwendung der Gesetze bei deutschen Bürgern und dem deutschen Recht unterworfenen Asylbewerbern. Sie als oberer Hüter des Rechtsstaates und rechte Hand der Bundesregierung sind aufgefordert nach dem Rechten zu sehen, damit die Rechthaberei bei einigen ihrer Rechtsverdreher ab sofort rechtswirksam unterbunden wird. Es ist recht und billig, rechtgläubigen Beschuldigten ein berechtigtes Verfahren zukommen zu lassen und dabei gleiches Recht für alle anzuwenden. Es ist absolut nicht rechtens, die gültige Rechtsordnung unrechtmäßig auszuüben. Die Rechtswissenschaftler rechtfertigen diesen zurzeit rechtsuntreuen Zustand der Gerichtbarkeit in keiner Weise und kritisieren die Rechtsauslegungen mancher Rechtsbeamten auf das Schärfste. Es ist unmöglich, ein Rechteck in einen Kreis zu verwandeln, dementsprechend lässt sich unser Rechtswesen nicht von ungerechten rechtspaltenden Juristen widerrechtlich entrechten. Sie und nur Sie sind dafür zuständig, dass wieder Ordnung in der Rechtsprechung herrscht. Nein, Herr Justizminister Maas, Sie müssen darauf nicht antworten, sondern handeln.«

»Rollatoren, Abzug!«

»Hallo, Generalmajor Milzbrand, wo befinden Sie sich mit Ihrem Führungsstab? Milzbrand melden Sie sich! Scheiß Mailbox! Erbitte sofortigen Rückruf innerhalb fünf Minuten, ansonsten übernehme ich die Befehlsgewalt. Na endlich, wo stecken Sie denn?« »Kurz einen Abstecher ins Herz von Berlin gemacht. Gönnte mir kurz eine Verschnaufpause. General Tinnitus und Feldmarschall Wirbelsteif leisten Gesellschaft. Knochen und Geist wiederbelebt. Tinnitus und Wirbelsteif noch in Behandlung. Soeben werden sie aus dem Ruheraum geführt. Noch etwas wacklig, doch wirken sehr entspannt. Fühlen uns wieder einsatzfähig.«

»Verschnaufpause, dass mir nicht gleich die Galle hochkommt. Mich wundert, dass euch überhaupt noch der Zutritt zu einem solchen Brunftbunker gestattet wurde. Die Betreiberinnen dachten sicher, gönnen wir denen noch die letzte Ölung. Ich reiße mir beide Beine aus und mein Führungsstab spielt hoppe, hoppe Reiter und vernachlässigt die Truppe. In fünf Minuten ist Abmarsch, bei Verspätung könnt ihr euch hier in Berlin einen Pflegeplatz suchen.«

»Liebe Rollatoren-Armee, übernehme vorübergehend die Befehlsgewalt, bis neue Führungskräfte gefunden. Danke für euren treuen und aufopfernden Einsatz für die Gerechtigkeit in unserem Lande. Nächster Einsatztermin wird per Mail mitgeteilt. Gute Heimfahrt!«

»Hallo, Kleiner Willy, benötige von Ihnen Hilfe, musste meinen Führungsstab kurzfristig entlassen. Benötige schnellstens bestens ausgebildete Kommandeure, die Fähigkeiten besitzen, eine Armee von gebrechlichen Kämpfern zu führen.«

»Da haben Sie aber Glück. Gestern bei einer Tagung der VAU in Salzburg sprach ich mit Edmund dem Blonden über seine politische Zukunft. Seine Frau Karin klagt bereits seit langem über sein überflüssiges Engagement in Brüssel. So hie und da würde sie ihm noch eine verantwortliche Aufgabe zugestehen. Er verließ den Wehrdienst zwar nur als Offiziersanwärter, wurde jedoch von unserem Haudegen Franz Josef Strauß zum besten Staatssekretär Europas ausgebildet. Seine weitere Laufbahn ist Ihnen bekannt. Und da wäre noch sein alter Kumpan Erwin der Niederbayer, charakterstark, entschlossen und heimatverbunden, und nicht zu vergessen Thomas von Eresing, eingefleischter Katholik, ausgezeichneter Rhetoriker, zukunftsorientiert, äußert sich kritisch zu Themen, wo andere noch nicht einmal deren Sinn erkennen. Na, auf was warten Sie noch?«

»Also, mein Lieber Kleiner Willy ...« »Jetzt sprechen Sie mich doch endlich nur mit Willy oder Kleiner an, Sie ruinieren ja mein Selbstbewusstsein.«

»Gut, so ziehe ich Willy vor. Meine Denkpause lösten die drei zur Auswahl stehenden Personen aus. Jeder von ihnen, ob Edmund, Erwin oder Thomas, war prominente Charaktergestalt in der Politik und ich soll diesen Ehrenmännern Befehle erteilen.«

»Lieber von Gurkenberg, Sie sagten doch selbst, waren. Was denken Sie, wie die glücklich sind, endlich wieder einmal so richtig die Sau rauszulassen und sich in der Öffentlichkeit zu profilieren. Ich sage Ihnen nur, diese drei Kämpfer passen wie das Tüpfelchen auf die Aktionsgründe Ihrer Einsätze. Lassen Sie denen freie Hand und Ihre Rollatoren-Armee wird von Sieg zu Sieg eilen. Mit Thomas von Eresing besäßen Sie einen ausgesprochenen Intelligenzler mit Zukunftsstrategieerfahrung. Erwin der Niederbayer spricht die Sprache des Volkes und Edmund der Blonde ist eine Führungskraft mit ausgeprägtem Sinn für planmäßige Ausführungen. Sollten Sie Ihrem Verein dieses Spitzenpersonal zukommen lassen, bliebe Ihnen mehr Gelegenheit, sich mit neuen Operationen zu beschäftigen.«

»Okay, Sie haben mich überzeugt. Bis wann kann ich auf Antwort hoffen?

»Ich schicke Ihnen den Dreierpack in zwei Wochen zu. Als Vermittlungsgebühr berechne ich Ihnen fünf Monatsgehälter plus Prämie.«

»Hey, Willy, Sie sind nicht in der Immobilienbranche tätig, da müsste ich diese Raubrittermethode akzeptieren. Vergessen Sie nicht, Sie üben nach wie vor den priesterlichen Beruf aus, der Ihnen eine hochdotierte Bezahlung beschert und eine karitative Einstellung abverlangt.«

»Hören Sie mir mit diesen Phrasen auf, wir Auserwählte des theologischen Berufsstandes spezialisieren uns ebenso auf Nebeneinkommen wie Polizeibeamte, Reinigungskräfte und Müllmänner. Das belanglose Häufchen an Kirchenbesuchern, deren Kollekte gerade für Altarkerzen ausreicht, zehrt an unserer ehemaligen Zuversicht, die Schar der Gläubigen zu vermehren. Wie denn sonst können wir Theologen wieder unser Selbstvertrauen beleben als mit von Erfolg gekrönten Verkaufsschlagern oder durch betriebswirtschaftliches Consulting?«

»Ja, davon habe ich schon gehört, wie zum Beispiel der ehemalige Prior von Kloster Andechs, Anselm Bilgri, der nun Wirtschaftsunternehmen berät. Aber dieser bezieht seit seiner Freistellung kein Klerikergehalt mehr, was man bei Ihren zwei Zusatzgehältern wohl kaum behaupten kann.«

»Ach, lieber Erasmus, machen Sie sich keine unnötigen Gedanken. Mein Glaubenssatz heißt: Gott preist jene, die geloben, ihren Geist dem Wohle des Anderen zu gewähren.«

»So ein Dogmaspruch ist mir auch bekannt. Zur Hölle mit denen, die sich durch ihre Geistesgabe bereichern und dem Nächsten Schaden zufügen. Ich denke, dieser Lehrsatz trifft Sie wie ein Schlag auf den Solarplexus. Habe ich Ihren unchristlichen Forderungen nun einen K.-o.-Schlag versetzt oder soll ich noch weiter ausholen und Ihrem Kardinal von Ihren lausigen Machenschaften berichten?«

»Schluss, aus, amen! Nächste Woche stehen Ihnen diese drei Historien-Politiker zur Verfügung, aber bitten Sie mich niemals mehr um einen Gefallen.«

Marsch auf Brüssel über Frankfurt

»Nachdem ich Ihnen nun die Funktion meiner Rollatoren-Armee näherbrachte, bitte ich die Herren um Ausarbeitung der Vorgehensweise, die beiden Machtmetropolen Frankfurt und Brüssel einzunehmen. Lieber Edmund der Blonde, dazu kommen uns Ihre Kenntnisse in diesen Hochburgen der Verfehlungen sehr zugute, wobei Sie, Erwin der Niederbayer, beim Finanzwesen doch mehr Sachkenntnisse aufweisen.«

»Richtig, Herr von Gurkenberg, ich will und werde meine Kompetenz bei diesem Thema net unter den Scheffl stelln, dafüa wurde ich von Edmund dem Blondn bei da Ausführung meines Ministeramts zu sehr gedemütigt, um eam jetzt den Vorzug zu überlassn. Diese Glücksspielinstitute, die europäische Börse inbegriffn, agieren auf Kostn da kloanen Anleger. Um diese Praktiken ein für alle Mal abzustellen, leg i ihnen mei Konzept voa.

Verbot sämtlicher Risikogeschäfte von Geldinstituten mit hohem spekulativem Hintergrund.

Verbot, auf Währungsschwankungen zu spekulieren (CFD).

Verbot, Rohstoffpreise (Edelmetalle) zu manipulieren.

Verbot, ohne vollen Geldeinsatz zu spekulieren (Terminhandel).

Beratungsgespräche aufzeichnen und bis Beendigung der Anlage speichern.

Bei Zuwiderhandlungen Ausschluss der Kreditinstitute aus dem Bankenverband und Entziehung der Bankenlizenz.

Die Vergangenheit hat es gezeigt, Geldbußen in Milliardenhöhe verfehlten die Wirkung, diese unverbesserlichen Zockerkreditanstalt zu belehren. Besonders bedenklich finde ich das Handeln des Europäischen Zentralbankbosses, unvertretbare Entscheidungen zu treffen, die ohne Absprache mit Länderfinanzministerien zustande kommen san. Ich möcht ihm ja net untastelln, dass er seinem Vaterland mit diesen Beschlüssen an Vorteil verschafft hot, doch seine Heimatliebe is sicha wesentlich höha ois zu den übrigen europäischen EU Staatn.«

»Oh, oh, lieber Erwin, deine Denkweise lässt sich nur so erklären, dass du nach langer politischer Abwesenheit nun als Stimme des Volkes agierst.«

»Wie recht du hast, Edmund, und i schäm mi auch net für meinen Sinneswandel, der durch Anhören von Bürgersorgen zustande kam. In meina Laufbahn ois Generalsekretär und langjähriga bayerischa Staatsminista ließ mir des politische Geschehn kaum Zeit für Gespräche mit da Bevölkarung. Dir is des bestimmt nach deinem Rücktritt net anders erganga?«

»Ach, vergessen wir das, auch wenn dein Zutun dazu beitrug. Doch, auch ich muss eingestehen, dass ich jetzt vieles anders sehe, als ich noch in Amt und Würden war. Die sinnlose Beschäftigung in Brüssel öffnete mir Augen und Verstand, dieses monumentale Wahnwitzgefüge im richtigen Licht zu begreifen. Ich muss sogar eingestehen, dass es mir riesige Freude bereitet, mit meinem Freund von Gurkenberg in die Schlacht für Gerechtigkeit und Ordnung zu ziehen. Wann geht's endlich los?«

»Piano, piano, lieber Edmund, das Wort hat Thomas von Eresing.«

»Meine lieben Freunde aus vergangenen gemeinsamen glorreichen Epochen. Ohne euch zu schmeicheln, widerfuhr mir ebenfalls diese geistige Klarheit, mein innerstes Seelenleben den geschundenen Bürgern zu widmen. Mein ruhmreiches Wirken vermache ich, ohne zu zögern, diesen Aufopfernden, den bis zum allerletzten Wimpernschlag reflexiven verblühenden Rebellen. Ich gelobe, mein vollständiges Potenzial in die Schlagkraft dieser überaus grandiosen, sensationellen nach Gerechtigkeit und Freiheit lechzenden Partisanenarmee einzubringen ...«

»Is scho guat, is scho guat, liaba Thomas, muasst net gleich des ganze Glaubensbekenntnis aufsong, mia glaums dia ja.«

»Mensch, wie ich dein niederbayerisches Geschwafel liebe. Aber von dir Erwin, lass ich mir meine Euphorie nicht kaputtreden. Das Feuer, das unser allzeit geliebter Erasmus entzündete, kannst du und deine gesamte Reisbacher Tatütata-Löschtruppe nicht ersticken. Dein Horizont reicht sowieso nur von deinem Heimatdorf bis München. Du kapierst wahrscheinlich auch das Ausmaß der stattfindenden Invasion von Asylanten nicht, die unsere gesamte Abendlandkultur in eine Wüste von muslimischer Unkultur verwandeln. Ich prophezeie dir, in 200, nein bereits in 100 Jahren werden Opernhäuser, Kirchen, Buchhandlungen, sämtliche Bibliotheken und Theatersäle der Vergangenheit angehören. Da kannst du zigmal ausrufen: Des glaub i net. Was sagst du dazu, Edmund?«

»Ach, Thomas, wer wird denn so weit in die Zukunft schweifen? Oder bist du ein Nachkomme von Nostradamus, bei dessen Prophezeiungen etliche Pannen auftraten? Ich, Edmund der Blonde, weissage, in 50 Jahren wird unsere CSU das ganze deutsche Reich regieren und europäische Völker werden sich mit uns vereinigen zu einer freien, demokratischen Union und ohne die jetzt noch bestehende Brüsseler EU-Diktatur. Zukünftige Generationen lobpreisen unser weitsichtiges Handeln und an jetzige Splitterparteien, ob rot, grün oder braun, werden sich Menschen nicht mehr erinnern. Nordamerikas und Asiens Großindustrie wird von europäischen Megaunternehmen aufgekauft. Das neue prächtige Europa, mit seinen eigenverantwortlichen Staaten, wird ein uneinnehmbares Bollwerk gegen Ungläubige aus aller Welt.«

»Wunderbar, wunderbar, lieber Edmund, doch zuvor müssen wir die Weichen stellen, damit Ihr wahnwitziges Orakel zur Wirklichkeit wird. Jedoch das mit den Ungläubigen wird nicht mehr funktionieren, die haben bereits ihre Abgeordnetensessel langfristig abonniert.«

»Wie recht Sie haben, mein lieber Freund von Gurkenberg. Oder darf ich Erasmus zu dir sagen? Natürlich darfst du mich mit Edmund ansprechen, aber soweit ich mich entsinnen kann, hatten wir dies vor Jahren bereits geregelt. Dieses kleine Sesselproblem wird sich von alleine lösen, wenn diese widerspenstigen Bremsblockparteien von fortschrittlichen Bürgern abgewählt werden. Hoch lebe der Fortschritt! Auf eine neue Zukunft! Deutschland, Deutschland über alles, überal...«

»Halt, halt! Edmund bist du völlig übergeschnappt? Ist es deinem Denkvermögen entgangen, dass seit 1952 nur der Text der dritten Strophe, Einigkeit und Recht und Freiheit, als Nationalhymne Gültigkeit besitzt?«

»Thomas, du bist und bleibst ein ewiger Oberlehrer, mit dir gemeinsam wird es problematisch, unser Streben zu verwirklichen.«

»Ja, ja, des find i a. Da Thomas meckat nur immea, am liebstn würde er a schwäbische Hymne komponiern. Wie zum Beispiel:

›Zwischen Lech und Amper, da bin ich zu Haus,
das ist meine Heimat, das sag ich rundheraus,
das Allgäu liegt mir näher als rechts das Land von mir,
der Glaube noch gefestigt, oh Gott, ich danke dir.

Die Freiheit ist mein Streben,
die Lieb zum bayerischen Schwabenland,
ich kämpfe stets verwegen,
gebe hin mein Leben als allerletztes Pfand
und schau ich auf euch hernieder,
nach Niederbayern schweift mein Blick,
so muss ich euch gestehen,
dort zu leben, wär das größte Missgeschick.

Oh, achtet auf meine Heimat, Generationen, die ihr mir folgt,
pflegt Glauben und die Bräuche, das hab ich stets gewollt,
bewahret eure Freiheit, seid wachsam und auf der Hut,
der Feind lauert im Osten, ich wünsch euch Kraft und Mut.‹«

»Meine lieben drei Streithansln, ich dachte, fähige Mitstreiter für unsere Aktionen zu gewinnen, und was muss ich die letzte halbe Stunde erleben, Zoff in übelster Weise. Ab sofort hört jeder auf mein Kommando und vermeidet in Zukunft jede Art von Scharmützel. Verstanden?«

»Jawoll, Erasmus von Gurkenberg. Edmund der Blonde wartet auf Anweisungen.«

»Thomas von Eresing bekundet absolute Hörigkeit.«

»Tschuldigung, des war net so gmoant. Da Niederbayer Erwin gelobt Besserung.«

»Das klingt zwar sehr überzeugend, hoffe eure Einsicht hält länger als der Marsch nach Frankfurt. Aufgepasst, jetzt erfolgt die Einweisung für die Aufgabengebiete, dazu ist höchste Konzentration angesagt. Fragen werden im Anschluss beantwortet.«

»Edmund der Blonde meldet sich zu Wort.«

»Benötigen Sie ein Hörgerät? Ich sagte doch, später beantworte ich Fragen.«

»Hörgerät befindet sich in meiner Muschel, Akku leer.«

»Edmund, Edmund, ich hatte dich stets als vorbildlich vorbereiteten Chef in Erinnerung und nun so etwas.«

»Aber wenn doch meine Karin die Batterien nicht einpackte.«

»Hey, Edmund, nimm meins, verstäh unsan Hochdeitschlehra sowieso net.«

»Ja geht's noch, und ich Blödmann war der Meinung, hochgebildete Führungskräfte zum Einsatz zu bringen. Traurig, traurig, was aus unserer ehemaligen bayerischen Politikerelite geworden ist.«

»Lieber Gurkenberg, übertragen Sie bitte die Aufgaben an mich, Thomas von Eresing, ich enttäusche Sie nicht und kämpfe mit meiner geballten Leibes- und Geisteskraft Schulter an Schulter an Ihrer Seite.«

»Geballte Kraft, dass ich net lach, du konst ja net amoi alloa bis zu deim Auto geh. I wett, du host a schon an Rollator irgendwo in Bereitschaft.«

»Erwin, du bist ein ewiger Stänkerer, auch wenn meine Gehkraft nicht mehr voll vorhanden ist, übertrifft meine Energie bei weitem deine behäbige Entschlusskraft und lass dir eines noch gesagt sein, lieber einen Rollator zur Hand als zu wenig Verstand.«

»Können wir nun endlich die Vorgehensweise für unseren Protestmarsch planen? Mein Vorschlag lautet: Edmund der Blonde führt mit Oberst Edelschwarz die motorisierte Brigade, Thomas von Eresing übernimmt zusammen mit Major Schenkelhals das Kommando der Rollatoren-Division und Erwin der Niederbayer und Oberstleutnant Dekubitus befehligen das Krückstock-Regiment. Der Sturm auf die Bankentürme erfolgt nach Befehlsausgabe durch meine Wenigkeit, ebenso die zum Einsatz kommende Luftlandekompanie zum Absetzen der einarmigen Gebirgsschützen auf den Behausungen der Geldvernichter sowie dem EZB-Verschwendungstower. Auch konnte ich Christo und Jeanne-Claude gewinnen, die diese Protzburgen anschließend mit Sackleinen verkleiden, um die tatsächliche Kärglichkeit Deutschlands und Europas besser ins Licht zu rücken. Noch Fragen?«

»Du, Gurkenberg, des find i aba scho ungerecht, dass i mit dene Krückstock-Invalidn mithatschn und da Oberstleitnant Dekubitus auf mi aufpassn soll. Lass mi doch de motorisierte Brigade anführn.«

»Mein lieber Erwin, du bist unser jüngster Anführer und deine Lieblingsbeschäftigung ist sowieso das Wandern. Keine Fragen mehr? Die Armee setzt sich am Dienstag, den 5. April früh um 5 Uhr in Bewegung. Der Transport der verschiedenen Truppenteile erfolgt mit LKWs, die die Mannschaften sternförmig im Frankfurter Außenbereich Punkt 9 Uhr absetzen. Sprechverbindung findet mittels Funkgeräten statt, diese werden bei Eintreffen ausgegeben. Für

Speisen und Getränke ist jeder Teilnehmer selbst verantwortlich. Jedem Kämpfer wird während der Fahrt ein schriftlicher Einsatzplan ausgehändigt. Ich bitte die Vorgesetzten um Anfeuerung unserer von Schwächeanfällen heimgesuchten Rollatoren-Kämpfer. Zeitvergleich, 18 Uhr. Auf einen erfolgreichen Feldzug für Freiheit und Gerechtigkeit.«

»Alle Mannschaftsführer bitte melden. Melden, sagte ich! Sofort Funkgeräte in Betrieb setzen! Edmund, Edelschwarz, Erwin, Dekubitus, Thomas, Schenkelhals, Standort melden! Ihr Schwachhirne, bitte um Durchsage eurer Standplätze!«

»Hallo, von Gurkenberg, wos plärrns denn so wahnsinnig, sie wecken ja de ganze Mannschaft auf.«

»Seid ihr zu blöd, meine Befehle auszuführen? Mit solchen beschränkten Alibikämpfern eine Invasion zu bestreiten, die keine Ahnung von Pflichtbewusstsein und Verantwortung haben, lässt den Erfolg meiner Strategie auf null dezimieren. Da kommt mir nur eine Bezeichnung in den Sinn. Quadratdeppen.«

»Gurkenberg, bitte melde dich! Hier Edmund der Blonde, bewegen uns Richtung Westen, Frankfurter Zoo bereits hinter uns, keine nennenswerten Verluste, nur wenige Ausfälle am Raubtiergehege, irrtümlich mit Streichelzoo verwechselt.«

»Ist nicht so tragisch, wenigstens Beerdigung gespart. Gut, dass die Ostflanke einigermaßen vorankommt. Nordflanke unter Erwin und Oberstleutnant Dekubitus bisher Totalausfall, hoffe, dass sie zum Endspurt ansetzen.«

»Keine Sorge, unser Erwin legt jedes Mal einen Fehlstart hin, jedoch am Ende gehört er zu den Siegern.«

»Mayday, Mayday, Befehlszentrale bitte melden, Invasion auf Frankfurt droht zu scheitern, Südflanke sitzt fest, Großteil der Rollatoren-Division beging Massenfahnenflucht in Richtung Südfriedhof, Major Schenkelhals versuchte die Abtrünnigen zu stoppen, vom Fuhrpark überrollt und zertrampelt, kein schöner Anblick, erinnert mich an eine Flunder. Bitte um Ratschlag für Beendigung dieses Spektakels!«

»Nur Ruhe, lieber Thomas von Eresing, das machen die immer, wenn sie einen Friedhof von der Ferne sehen, nach einiger Zeit seid ihr wieder fast vollzählig. Die zwei bis drei offenen Grabstätten schlucken höchstens zehn Kandidaten, die es nicht mehr erwarten konnten. Also, keine Aufregung. Den Major zum Abdecken einer der Gruben verwenden. Ende!«

»Ja wos is denn mit eich los, wo bleibt ihr denn? Gurkenberg, Gurkenberg, melden Sie sich. Erwin der Niederbayer hot sei Ziel erreicht, wartn auf weitere Befehle.«

»Hier Erasmus von Gurkenberg, wiederholen Sie Ihre Durchsage«

»Ja fix no amoi, dea versteht a koa Deitsch mehr. Soll i vielleicht englisch ren, dass mi verstehn?«

»Nein, nein, lieber nicht! Aus Ihren Worten ging hervor, was sehr unglaubhaft klang, Sie wären bereits am Zielort angekommen. Was erblickt denn Ihr Auge an der Stelle, wo Sie sich befinden?«

»Mensch, Gurkenberg, ganz blöd bin i no net, dass i net woass, wo i do steh. Rundum herum stehn do so lange Lulatsch, de fast duach de Wolken wachsn und de Sonna verdecka. Jetzt schickts eich doch a bisserl, meinen Rollatoren wachsen scho Knieschwammal.«

»Lieber Erwin, wie hast du denn das geschafft, in diesem Eiltempo anzukommen?«

»Mei, wia dea blöd frong konn, für wos gibt's denn de U-Bahnen. Eigstieng sama in Bad Homburg-Gonznheim und ausgstieng sama do, wo wir jetzt san. Aba oans muass i song, de Frankfurta U-Bahn is wesentlich behindertnfreindlicha, moderna und pünktlicha ois de Münchna. Do konn se de unsrige a Scherzl obschnein.«

»Bravo, Erwin, ausgezeichnet Ihre Strategie, öffentliche Verkehrsmittel zur Beförderung unserer müden Krieger zu benutzen. Dank Behindertenausweise gab es sogar eine Massenfreifahrt. Aber wie verfrachteten Sie 2000 Menschen in die Waggons?«

»So schwer war des a net, sobald de Türn aufganga san, hob i gschrien: Achtung, de Claudia Roth! Wos glauben Sie, wia de glafa san.«

»Ha, ha, ha, da wäre ich auch weggerannt. Aber nun fort mit Lustig, in zehn Minuten stoßen Edmund und Thomas dazu und dann startet unser Bankensturm.«

»Bankentower umstellen, Erwin der Niederbayer erstürmt die Commerzbank, Edmund schnappt sich die Deka, Thomas die Deutsche Bank und die EZB nehme ich mir vor. Bei Gegenwehr Security-Gestalten einkesseln, mit Krückstöcken außer Gefecht setzen und den Schaulustigen überlassen. Mit derselben Taktik ging damals bereits Joschka Fischer ans Werk und was wurde aus ihm? Gegen Presse und Fernsehen wird nicht vorgegangen, diese benötigen wir als Sprachrohr zu den Bürgern, die bis zu 75 Prozent auf unserer Seite stehen. Aha, die Partisanen der Lüfte landen soeben, nun auf in den Kampf.«

»Halt, halt, Gurkenberg, i bin doch bei der Commerzbank, i konn doch net mei eigene Bank entern.«

»Erwin, das tut nichts zur Sache. Bei dieser Bank bin ich ebenfalls Kunde. Nun überlege mal, wann bekommst du jemals die Gelegenheit wieder, mit Vorständen über bessere Konditionen zu verhandeln?«

Commerzbank

»Des is ja ausgezeichnet, dass da ganze Vorstand grod zammahockt, so brauch i mei Red nur einmal haltn. Ruhe und keine Zwischnrufe, setzen! Sehr geehrta Herr Blessing und damenlose Vorstände, sicha besprechen Sie soeben die Panama-Gschichtn, die glücklicherweise ausgerechnet heute, am Tag der Erstürmung der Frankfurta Finanzriesen, ins Volk gestreut wurden. Aba keine Angst, des ist nicht mein Thema. Der Verdacht liegt nahe, dass diese Kampagne von Zeitungsverlagen ausganga is, um de miesen Verkaufszahlen wieda a bisserl hochzufahn. Wie auch andas konn des sein, dass do gleichzeitig ein Buach darüber so urplötzlich auf den Markt gschmissn werd. Do weiß ich jetzt net, wos de größeren Verbrecha sind, de Kapitalverstecka oder de Zeitungsschnüffler. Aba des betrifft Sie ja überhaupt nicht, Sie haben sich ja schon 2007 aus dem Geldversteckspiel zurückzong und doch hab i do a paar Punkte, üba die i mit Ihnen sprecha muass. Vorab muass i Sie darauf hinweisn, dass des Geid von de Kunden nicht zum Spekuliern gedacht ist, weil's euch gar nicht gehört, aba des ist ja wos ganz Neues für euch. Oder? Glücksspieler, de sich mit fremden Gelder verschuldn, wirft ma ins Gfängnis. Genauso schlimm is des mit dem Spekulieren auf Währungen, do hats scho manche dabröslt. Was aba des Garstigste is, wenn Geldinstitute zusammenhalten, um Rohstoffpreise zu manipuliern. Da braucht ihr gar net so unschuldig schaung, solche Schlawiner müsste man sofort aus dem Verkehr ziang. Ja, und da is noch etwas, ohne Finanzmittl am Terminhandl teilzunehmen, des is wohl des Miserabelste, was mia voakumma is. Ich weiß ja, dass dies alles erlaubte Geldgeschäfte san und de Börsen da mitspuin, aba wenn des so weitergeht, dann sind diese Spekulationsspielereien bald genauso alltäglich, wie wenn man einen Tipp abgibt und bei einem Fußballspiel auf den ersten Einwurf wettet. I glaub, Sie haben überhaupt nichts verstandn oda wollen diese üblen Machenschaftn net begreifn, die in ihren Augen vollkommen legale Geldgeschäfte sind. Wer weiß, was ihr noch für miese Intrigen betreibt zum Unwohle eurer Kundn. Damit ist jetzt Schluss, genauso wie mit dea Kreditverweigerung an Mittelstandsbetriebe, de von eurer Gnädigkeit abhängig san. Habt ihr mich verstandn? Ob ihr mich verstanden habt? Mitstreiter, erhebet die Krückstöcke! Gott sei gedankt, auch Banker haben noch einen Verstand. Sehr verehrter Herr Blessing, vielen Dank für Ihre Einsicht und für die in Aussicht stehende Pensionierung wünsche ich Ihnen eine recht üppige Ausschüttung, die ich Ihnen von Herzen gönne, da Ihr Institut durch vergangene Fehler sich doch scheinbar belehrn ließ. Rollatoren-Armee Rückzug!

Europäische Zentralbank

»Meine sehr entehrenden Damen und Herren des europäischen gelddruckenden Gewerbes, einige unter Ihnen werden sich noch an mich erinnern, den anderen Finanzenvernichtern stelle ich mich vor, Erasmus von Gurkenberg, Befehlshaber der inzwischen äußert populären opportunistischen Rollatoren-Armee. Nein, Herr Draghi, jetzt führe ich das Wort, schweigen Sie und verhalten Sie sich ruhig! Mir ist es rätselhaft, dass ein Präsident der Europäischen Zentralbank mit einer Amtszeit von acht Jahren ausgestattet wird. Ich möchte jetzt nicht versuchen in Ihrer vergangenen Laufbahn, als Präsident der italienischen Nationalbank oder als Vizepräsident bei Goldman Sachs, rumzuwühlen, dies wurde bereits von namhaften Finanzwissenschaftlern erfolgreich durchgeführt und zur Veröffentlichung gebracht. Welche Euphorie muss in Ihnen herrschen, plötzlich über Finanzen sämtlicher EU-Staaten zu entscheiden. Ihr südländisches Temperament unterstützt Sie, mit unüberlegtem Feuereifer und einem Unschuldslächeln die Ihnen anvertrauten Milliarden in Windeseile in die Hände europäischer, korrupter Südstaaten zu verstreuen. Wie jeder weiß, ist Süditalien bekannt, von zwei Obrigkeiten regiert und beherrscht zu werden, aber stellen wir dieses Thema zurück. Ich möchte Ihnen nur ein paar Fragen stellen. Es entspricht doch der Wahrheit, dass die Europäische Zentralbank die Gelder der einzahlenden Länder verwaltet? Ebenso ist ihr Bemühen, unser Zahlungsmittel im Wert zu erhalten, oder täusche ich mich? Ist meine Annahme richtig, dass die EZB die Erziehungsberechtigte aller EU-Kreditinstitute ist und sie mit billigem Geld füttert, das diese dann nach Gutdünken der Wirtschaft zur Verfügung stellen? So, so, nur bei meiner letzten Vermutung liege ich falsch. Aha, den Ausdruck Gutdünken würden Sie anders interpretieren. Wie bitte, Sie erzogen die Banken, die zinslosen Gelder billigst an Unternehmen, die in ihrem Betrieb Investitionen planen, großzügig anzubieten? Da hat Ihre missratene Kinderschar aber etwas anderes darunter verstanden. Machen Sie doch eine Umfrage bei mittelständischen Unternehmern, die geben Ihnen gerne Auskunft über das großzügige Angebot ihrer Hausbanken. Die Anfragen von Gewerbetreibenden, von diesem Kuchen ein klitzekleines Stückchen zu erhalten, stoßen sofort bei Ihrer Brut auf Argwohn, wenn die gewünschte Kreditsumme nicht vollständig durch eine Sicherheitsleistung abgedeckt wird. Besonders kleinere mittelständische Unternehmen benötigen finanzielle Hilfe, um weiterhin leistungsfähig im Wirtschaftsgeschehen zu bestehen. Packen Sie endlich Ihre Zöglinge an den Ohren und verabreichen Sie denen schmerzhafte Prügel, damit sie endlich ihre Flegeljahre beenden. Ihnen als allmächtiger Übervater halte ich vor, dies alles durch Ihre lockere Zinspolitik mitverschuldet zu haben. Der Apfel fällt nicht weit vom Stamm, ein Sprichwort und Rüge zugleich. Der Leidtragende dieser disziplinlosen Erziehung ist der schuftende kleine Sparer, dessen Einlagen sich selbst auffressen. Da lob ich mir die Genossenschaftsbanken, die nicht das Ansehen von Spielbanken genießen, sondern mit ehrlicher Geldpolitik ihren Kunden beistehen. Ich hoffe, dass Sie aus meinen Worten eine Aufforderung zur Umkehr vernommen haben. Bessern Sie sich und leiten Sie endlich Erziehungsmaßnamen ein.«

»Rollatoren-Armee, Drohgebärde-Stellung einnehmen! Zum Abmarsch antreten!«

»Hallo, Edmund, erbitte Meldung!«

DEKA-BANK

»Soeben Strafrede beendet, zeigte bei den Sparkassenbossen keine Wirkung, konnte sie auch mit Drohungen und Prügelstrafen nicht auf einen besseren Pfad umleiten. Ausschlaggebend war sicherlich während meiner Amtszeit die innige Freundschaft mit diesen Bankern. Lege eine Pause ein, um meinen Vortrag zu überarbeiten und meine Worte zu schärfen.«

»Edmund, lass gut sein, ich glaube, die haben dich sehr gut verstanden, bei denen dauert die Einsicht immer etwas länger. Hast du die unverschämte Gebührensteigerung angeprangert?«

»Aber selbstverständlich, jedoch als Antwort bekam ich, dass sie die Vorreiterrolle bei der Erhöhung übernehmen und die anderen Institute ziehen peu à peu nach. Ich denke, das wäre ein Fall für das Kartellamt.«

»Kartellamt? Verzeihung, dass mich das so erheitert, diese Behörde lebt ja völlig in einer anderen Dimension. Dieser unnötige Beamtenapparat verzögert durch seine Behäbigkeit wirtschaftliche Kaufinteressen und lässt angeschlagene Unternehmen noch tiefer in die Verlustzone rutschen. Letztes Beispiel Übernahmeversuch des Lebensmittelkonzerns Kaiser's Tengelmann durch EDEKA. Begründung: Wettbewerbsverzerrung. Ich verstehe absolut nicht, wo hier ein Verstoß vorliegt. Bei der Fusion Kabel Deutschland durch Vodafone entstand ein marktbeherrschendes Unternehmen, das augenzwinkernd von Kartellamt und Monopolkommission seinen Segen erhielt. Hier sehen Sie, wie Maßstäbe gedehnt und verkürzt werden. Breche ab, Thomas von Eresing berichtet aus der Deutschen Bank.«

Deutsche Bank

»Hier spricht Thomas von Eresing aus dem Deutsche-Bank-Bunker. Befehlszentrale, vernehmen Sie meine Stimme? Es folgt mein anklagender Reportbericht.«

»Thomas, ich höre, sprechen Sie.«

»Das Eindringen in diesen Dagobert-Duck-Zwillingswolkenkratzer verlief äußerst schwierig. Portale verschlossen und verriegelt, davor eine hundertköpfige Leibgarde mit Schlagprügeln und Tränengas. Vermute, vorzeitige Warnhinweise. Sturmplanänderung durchgeführt, Beinlosekämpfer an die vorderste Front befohlen, zum Schutzwall aufgebaut, zehn halbmannhoch Gebirgserprobte erkletterten die Beinlosen und drangen im ersten Stock ins Gebäude. Zu Boden preschte die motorisierte Rollatoren-Division den Security-Lumpen von links und rechts in die Gebeine, dass es nur so krachte. Luftlandepioniere erwarteten uns bereits im Gebäude, stürmten gemeinsam in die Gemächer des DB-Clans und fanden die Finanzfürsten bei einem Plausch, durch welche Maßnahmen das havarierte und leckgeschlagene Imperium wieder in Fahrt kommen könnte. Wie auch nicht anders zu erwarten, vernahm ich den Wortfetzen Personalabbau. Da gab es für mich kein Halten mehr und ich feuerte eine vernichtende Wutrede auf diese Dagobert-Duck-Liliputaner. Hier der Mitschnitt.«

»Meine sehr unqualifizierten Herren der Vorstandschaft der ehemals mächtigsten Bank Deutschlands und Europas!

Vertrauen, Würde und Anstand sind abhandengekommene Tugenden, die Kunden von einer Großbank erwarten. Nach langjähriger Analyse der deutschen Kreditunternehmen, insbesondere der Deutschen Bank, kam ich zu dem Ergebnis, die ausgeschiedenen und hier anwesenden Vorstände haben überhaupt keine Ahnung vom Finanzwesen und denken, mit Pokern und Glückspielerei könnte vielleicht eine Geldvermehrung stattfinden. Noch ein Grund, dass euer Imperium in Schieflage geriet, ist die Unterwerfung der Mitarbeiter durch das patriarchische System dieser Spielbank. Diese Frauenvorstandsverweigerer mit ihrem Machogehabe sind überhaupt nicht fähig, ein solches Imperium mit über 100 000 Angestellten erfolgreich zu verwalten und zu führen. In der Hoffnung, dass Sie, Herr John Cryan, in der obersten Etage den Saustall ausmisten und den Radiergummi nicht bei Ihren Angestellten anwenden, könnte vielleicht eine feindliche Übernahme verhindert werden. Bisher war stets die einfachste Lösung, das Filialnetz zu verkleinern, Personal zu reduzieren, Kundendienstleistungen den elektronischen Mechanismen in der Vorhalle von Filialen zu überlassen. Diese entwürdigenden Methoden Ihren Kunden gegenüber bezahlten Ihre Vorgänger mit Kontenkündigungen und Prestigeverlust. Um das Vertrauen wiederzugewinnen, verzichten Sie unbedingt auf unglaubwürdige Fernsehwerbung und unredliche Zeitungsanzeigen, gestaltet von fantasielosen Werbeagenturen. Legen Sie Ihr Hauptaugenmerk in die perfekte Ausbildung Ihres Personals und lassen Sie diesem die Freiheit, Geldanlagen zu verkaufen, wovon dieses überzeugt ist, und nicht die von oben diktierten. Herr Cryan, besuchen Sie Ihre Angestellten in den Filialen und begründen Sie den neuen besseren Weg Ihrer Bank, das hebt die Moral. Oh, eigentlich bin ich hier, um Ihnen und Ihren Gnomen die Leviten zu lesen, stattdessen spiele ich mich als Unternehmensberater auf. Was mich besonders irritiert, verzeihen Sie mir, dass in deutschen Unternehmen die Anzahl von ausländischen Führungskräften sich stetig nach oben bewegt. Liegt wohl am Bildungssystem unserer Universitäten, oder fremdländische Manager verleihen den Konzernen mehr Ansehen. Wiederholen Sie bitte Ihren Einwurf? Aber selbstverständlich, Mister Cryan, sind mir Ihr Studium an der Universität Cambridge und die Auszeichnung zum Master of Arts bekannt, auch Ihr beruflicher Werdegang, und doch stutze ich, wenn ich an Ihre Tätigkeit in der schweizerischen

UBS Group denke, die mit ähnlichen Finanzskandalen behaftet war wie Ihr jetziges Institut. Sie verließen 2012 die UBS, nachdem die Vorfälle an die Öffentlichkeit kamen. Und nun versuchen Sie hier, eine neue Strategie in das verlotterte System zu bringen. Sollte sich dies als zukunftsträchtig erweisen, so geben Sie sich nicht der Hoffnung hin, in absehbarer Zeit verloren gegangene Kunden zurückzugewinnen, denn dieser Vertrauensverlust zieht sich über Generationen hin. Beenden möchte ich meinen Vortrag mit einer sarkastischen Äußerung, die bei den Vorständen und Ihnen als Vorsitzender einen Denkprozess bewirken sollte. Wenn Kunden einem Kreditinstitut Gelder anvertrauen, so ist es verpflichtend, dieses entgegengebrachte Vertrauen nicht zu diskriminieren. Dieser Spruch sollte in jedem Geldinstitut veröffentlicht werden.«

»Schon fertig mit Ihrer vernichtenden Wutrede? Thomas von Eresing, für mich war das eher ein Referat mit dem Titel ›Verbesserungsvorschläge für angehende Finanz-Führungskräfte‹. Ich vermisse die schweren Vergehen dieser Bank in den vergangenen Jahren, die ein weltweites Finanzbeben auslösten:

- Manipulation des Zinssatzes,
- die Lüge, dass die Finanzkrise gut überstanden wurde,
- Umsatzsteuerbetrug mit Handel von CO2-Zertifikaten,
- Goldpreismanipulation,
- jahrelanger Streit mit Leo-Kirch-Erben, Zahlung von 900 Millionen,
- Devisenmanipulationen,
- Strafzahlungen in Milliardenhöhe,
- noch nicht aufgedeckte Vergehen.«

»Lieber von Gurkenberg, mein Sinnen war, nicht als Richter über begangene Strafvergehen aufzutreten, sondern, unter Anwendung von humanen Erziehungsmethoden, den Bankern ihre Rotzfrechheit auszutreiben. Ihre Verfehlungen werden von weltlichen Richtern bestraft und nach ihrem Tod wartet das höchste Gericht mit noch einer gewaltigeren Abrechnung auf die Sünder. Und keiner wird entkommen und keine Vergebung ihrer Untaten wird erfolgen, zu Lebzeiten nicht und nach der Auferstehung erst recht nicht und den himmlischen Richtern entgeht keiner dieser Übeltäter und es wird Pech und Schwefel auf sie niedergehen und sie in die Tiefe der Hölle schwemmen und keine Buße wird dem Vergehen gerecht und …«

»Ist schon gut, ist schon gut, lieber Thomas von Eresing, ich weiß, dass Sie ein Verfechter für das Leben nach dem Tode sind, und wenn dies eintreffen sollte, so soll es so geschehen, wie Sie es prophezeien. Einen Verbündeten haben Sie ja bereits, dieser warf diese ruchlosen Geldwechsler schon bei seinem Dasein aus seinem Haus.«

»Führungsstäbe zur Besprechung in der Nibelungenschänke versammeln! Rollatoren-Kämpfer abtreten lassen!«

»Hey, Gurkenberg, wos hast du dir denn do denkt, uns in des Lokal einzuladn? Hob gmoant, des is a echte deitsche Traditionsgaststättn, dabei servians do griechische Mahlzeitn. Des gäht scho gonet, wenn Nibelungen drüba steht, dass a Grieche in dem Lokal an Chef spuit. Do vergäht mia glei da Appetit. Wenns wenigstns Taverne von Lesbos, Apollo-Tempel oda Aphrodite-Hüttn heißn würde.«

»Erwin, ich war genauso überrascht, aber wir wollen doch nur gut speisen und uns auf Brüssel vorbereiten, könnte doch sein, dass uns das griechische Essen zu noch mehr Angriffswut inspiriert.«

»Meine lieben Mitstreiter, unser Zwischenstopp in Frankfurt erwies sich als äußerst erfolgreich. Presse und Fernsehen berichteten ausführlich und bewerteten unsere Aktion als eine revolutionäre Massenerhebung gegen die Finanzgötter unseres Landes. Was in früheren Jahren Studenten bewirkten, verursachte durch unser disziplinäres Vorgehen bei unzufriedenen, in näherer Zukunft lebenssuspendierten Bürgern eine Masseninitiative, sich uns anzuschließen. Meine Vermutung, auf fremdländische Invaliden beim Sturm auf das Verschwendungszentrum Brüssel angewiesen zu sein, ist zum Glück nicht mehr erforderlich. Als Verstärkung für den Führungsstab stelle ich euch den Veteranen Oberst von Crohn und die als Widerstandskämpferin über alle Maßen beliebte Gastritis Teerstuhl vor. Beiden wird die Führung unserer neu ins Kurzleben erstellten Ersatzkniegelenk-Division übergeben. Für unseren aus Unachtsamkeit zu Tode geplätteten Major Schenkelhals wählte ich im Militär-Seniorenheim Herbstlaub Herrn Stabsoffizier Irrwitz Demenz als neuen Begleiter für Edmund den Blonden, der uns durch seine langjährige nutzlose Beschäftigung in diesem Nobelcenter von großer Hilfe sein wird.«

»Wir gönnen unseren Humpelkameraden eine Verschnaufpause von drei Tagen, um am kommenden Sonntag um 6 Uhr mit frischer Kraft gen Brüssel aufzubrechen. Treffpunkt: der ehemalige Grenzübergang Steinebrück bei Aachen, LKW-Parkplatz. Gute Erholung!«

»Guten Morgen, alle wohlauf? Eventuelle Entschlafene im Grenzgebäude zwischenlagern, LKWs in Kolonne aufstellen, Befehlsobrigkeiten aufsitzen. Ich begleite Edmund den Blonden, besprechen das erste Vorgehen im feindlichen, von Muslimen eingenommenen europäischen Staat Belgien. Gespräch bitte über Funk mithören. Abfahrt!«

»So, Edmund jetzt wird's ernst. Was denkst du, haben wir Aussicht, bis in den Parlamentssaal vorzudringen?«

»Äh, wieso Parlamentssaal, ich verstand dich so, dass wir vor dem Gebäude demonstrieren.«

»Ja, was denkst du denn, wir sind doch kein Landwirtschaftsverein, unorganisierte Umweltschützer oder sonst so eine Schar von Protestlern, die Fähnchen schwingend lautstark ihren Unmut verkünden. Unser Ziel ist und bleibt, bis in diesen Renommistenbrutkasten vorzudringen, um dieser Bagage den Marsch zu blasen. Na, was ist nun, hast du eine Strategie?«

»Oh, oh, oh, was du mir da abverlangst, grenzt ja schon an Hochverrat. In der Tat befinden sich in dem Komplex geheime Zugänge und Fluchtwege, aber als Mitglied des EU-Parlaments wurde ich vereidigt, keinerlei dieser Geheimgänge preiszugeben. Wenn ich auffliege, ist meine zweite Alterspension futsch.«

»Jetzt reicht es mir, du Angsthase! Wo bleibt deine Verantwortung unserem Volk gegenüber? Ach ja, nun dämmert es mir, du gehörst ebenfalls zu dieser Brut von Staatsbeamten, die nur in eine Richtung denkt. Wie konnte ich mich nur auf dich einlassen, du zählst genauso zu diesen Topverdienern, die eine höhere Besoldung einstecken als die Bundeskanzlerin. Es ist ein absoluter Horror, dass 4400 von 46 000 EU-Beamten ein Betrag von 15 000€ monatlich auf ihre fetten Bankkonten überwiesen wird, gespendet von den europäischen Steuerzahlern. Deine Ministerpräsidentenpension reicht dir wohl nicht aus. Nein, das macht keinen Sinn, sofort raus aus dem Fahrzeug, raus, sagte ich!«

»Thomas von Eresing sofort zu mir!«

»Unser Edmund hatte die Hose voll, deswegen ernenne ich Sie zu seinem Nachfolger. In einer Stunde erreichen wir unseren Zielort, bis dahin benötige ich eine Taktik, wie wir diesen europäischen Luxustempel vereinnahmen können. Aus früheren Gesprächen gewann ich die Überzeugung, dass Sie voll und ganz hinter meinen Vorhaben stehen. Besonders Ihre Prognose über die katastrophale Flüchtlingspolitik unserer Pro-Asyl-Kanzlerin kam mir zu Ohren. Schon deshalb sind Sie der richtige Mann an meiner Seite. Na, was haben Sie für einen Plan? Ich höre!«

»Danke für Ihr Vertrauen, benötige fünfeinhalb Minuten zum Nachdenken.«

»Warum ausgerechnet fünfeinhalb Minuten?«

»Das ist vergleichbar wie mit einem Kaltstart, nach drei Minuten läuft mein Gehirn zur Höchstleistung auf und die restlichen zweieinhalb Minuten sind reine Denkarbeit.«

»Vollbracht! Ich gehe davon aus, der größte Anteil der Armee postiert sich im Außenbereich und eine Minderheit begleitet Sie in das Gebäude. In Betracht kommen nur motorisierte Rollstuhlfahrer. Diesen Begleitern verpassen wir eine ansprechende Bekleidung, schwarze Anzüge den Herren, dunkelblaue Kostüme den Amazonen, dies erweckt einen unverdächtigen Eindruck beim Sicherheitsdienst. Die entsprechenden Ausweise erhalten wir von einer Dokumentdruckerei im muslimischen Stadtteil Molenbeek mit dem Namen ›kl shay‹ raghabatuk alqalb‹, was so viel bedeutet wie ›alles, was Ihr Herz begehrt‹. Der Parlamentssaal und angrenzende Räumlichkeiten besitzen eine eher schwache Sicherheitsüberwachung, der wir bei Bedarf mit Krückstöcken entgegnen. Was halten Sie davon?«

»Puh, das hört sich alles sehr gut an, jedoch muss das sein, dass ich mich wegen der Einkleidung in Unkosten stürze? Da existiert doch in Brüssel sicher ein Kleiderverleih.«

»Sind Sie doch nicht so knausrig, schließlich ist dies für Sie und Ihre Begleiter ein absoluter Höhepunkt, dieses EU-Parlament-Gebäude zu betreten. Los, geben Sie sich einen Stoß und Ihrem Ansehen würde es auch nicht schaden, mit Anzug und Krawatte aufzutreten, als mit Ihrer abgewetzten Gammeljeans und zerschlissenem Pullover vor den Parlamentariern zu stehen. Ich finde es immer sehr beschämend, wenn bei festlichen Anlässen, besonders Männer, sich bekleiden, als kämen sie soeben vom Autowaschen oder vom Schweinestall. Schmutzige Jeans, Turnschuhe, Unterhemd, billiges Sakko, dazu noch einen umgebundenen verknitterten Schal und Dreitagebart, und schon denken diese Schnösel, sie wären die tollsten Typen.«

»Na, sind Sie jetzt fertig, mir Benimm-dich-Regeln zu erklären?

Aber ich muss schon gestehen, ein bisschen Wahrheit steckt sicher in Ihren Äußerungen. Also, gehen wir nach Ihren Vorschlägen ans Werk und verwirklichen unser Vorhaben. Einmarsch 14 Uhr.«

»Rollatoren-Armee Parlamentsgebäude umstellen, auserwählte motorisierte Rollstuhltruppe folgt mir in den Plenarsaal.«

»Sehr geehrter Herr EU-Präsident Schulz, bitte unterbrechen Sie Ihre belanglose Rede und nehmen Sie wieder neben Ihresgleichen Platz. Nein, so wichtig kann Ihr Thema gar nicht sein, um den Inhalt meines Vortrags zu übertreffen. Verlassen Sie endlich das Rednerpult! Hoch die Krückstöcke, holt aus! Unterlassen Sie Ihr heldenhaftes Getue, bei drei saust ein Donnerwetter auf Sie nieder. Eins, zwei und gut so, warum nicht sofort.«

»Meine sehr verehrten EU-Marionettinnen und -Hampelmänner, lieber EU-Präsident und Kommissare des bisher maßlosesten Parlaments der Zeitgeschichte. Gerne würde ich eine Zweckmäßigkeit eures bisherigen Daseins seit 1979 erwähnen, fand jedoch in der Chronik dieses nutzlosen Politikeraltenheims keinen einzigen Anhaltspunkt, der zu begrüßen wäre. Seit Gründung dieser europäischen Zweckgemeinschaft produzierte dieses Haus ausschließlich Gesetze, Verordnungen und Vorschriften, die zum Schaden der wirtschaftlich gesunden Staaten führte. Der von kurzsichtigen Beamten und Superweisen versprochene Nutzen dieser Gemeinschaft entpuppte sich als Riesenflop, besonders für die Steuerzahler der betroffenen Länder. Greifen wir einmal die Bundesrepublik Deutschland aus dem Topf von Opfern heraus. Seit Jahren vermehrt sich das Bruttosozialprodukt, jedoch die Verarmung der Bevölkerung schreitet hurtig voran. Insbesondere der kleinere Mittelstand, Rentner und Geringverdiener erfreuen sich der verschwendungsreichen Politik, die, anstatt der Unterschicht von dem Reichtum ein wenig abzugeben, Milliarden und Abermilliarden in die löchrige EU-Kasse schüttet. Jedem hier im Saal der spärlich anwesenden überbezahlten Vertreter der europäischen Gemeinschaft ist bewusst, dass ein solches Wahnsinnsimperium nicht aufrechtzuerhalten ist. Ja, ja, ja, Herr Juncker, Ihr letztes Aufbegehren habe ich registriert, ebenfalls Ihre empörte Mimik, Herr Präsident Schulz, und wenn ich in die entrüsteten Gesichter der Abgeordneten blicke, ist mir dieses Verhalten völlig schleierhaft. Ruhe, toben Sie sich auf dem Golfplatz aus! Sehen Sie doch in die Runde, in dem mit 751 Sesseln bestückten Saal befinden sich, grob geschätzt, 250 Abgeordnete. Die 500 fehlenden sind bereits auf dem Wege ins Wochenende, jedoch nicht ohne zuvor sich in die Anwesenheitslisten für den abwesenden Sitzungstag einzutragen, um dafür 304 € Sitzungsgeld zu kassieren. Solche Unverschämtheiten produzierende Faulenzer kommen in den Genuss von 8000 € plus steuerfreier Kostenvergütung in Höhe von 4400 €, plus weitere 22 000 € für ihre Mitarbeiter in Brüssel, Straßburg oder ihrem Heimatland, aber nicht genug, es folgt noch eine Residenzzulage von 15 Prozent des Grundgehalts, weitere 610 € Aufwandsentschädigung, Kindergeld pro Kind 300 €, ein Urlaubsanspruch von mehr als zehn Wochen. Ja, was für ein Saustall findet denn hier statt, hier wird betrogen und abgezockt und alles unter dem schützenden Mantel des Präsidiums.«

»Stabsoffizier Irrwitz Demenz, Erwin der Niederbayer, der Befehl lautet: Stürmung des Plenarsaals! Abgeordnete und Präsidium werden handgreiflich, Aufstand niederschlagen!«

»Züchtigung einstellen, alle wieder auf ihre Plätze! Um Ihnen weitere schmerzende disziplinarische Maßnahmen zu ersparen, fordere ich absolute Zurückhaltung bei meinen weiteren kritischen Bemerkungen. Mir ist nicht entgangen, dass drei Abgeordnete sich bei der Ausschreitung ruhig verhielten und bei meinen Ausführungen ein zustimmendes Kopfnicken signalisierten. Doch hege ich die Vermutung, dass sich ihre Gesinnung bald der Mehrheit ihrer lasterhaften

Kollegen beugen wird. Thomas von Eresing, wo bin ich vor dem Gemetzel stehen geblieben? Ja, richtig, Ausgabenwahnsinn. Im Jahre 2015 vollführten diese EU-Raubvögel einen weiteren Anschlag auf Anstand und Moral, indem sie sich eine weitere Erhöhung von 1500 € Salär genehmigten. Ich könnte noch weitere finanzielle Raubrittermethoden erwähnen, wie kostenfreie Flüge, Kostenerstattung von Bahnfahrten sowie bei Benutzung des eigenen PKW, Ausgabenrückerstattungen bei Teilnahme an Diskussionen, Auftritte bei Versammlungen im Heimatland, Vorträge und Anwesenheit bei völkerverbindenden Veranstaltungen. Jedoch der größte Wahnwitz dieser EU-Ekstase findet einmal monatlich in Straßburg statt, wenn Parlamentarier in den 430 Kilometer entfernten 100 Millionen teuren Glaspalast karren, gefolgt von 4000 Mitarbeitern, um in diesem Luxustempel acht Stunden zu tagen. Dafür werden 180 Millionen Steuergelder verbrannt. Meine verehrten Geldvernichter, da sage mir keiner, das EU-Parlament wäre eine sinnvolle Einrichtung zum Wohle Europas, wenn dieses nutzlose Bauwerk 30 Tage im Monat ausgestorben ist. Aber zum Trost sei gesagt, solche politischen Irrsinnsfunktionen sind auch in der Bundesrepublik anzutreffen. Dazu eine kleine Bemerkung von unserem Musensohn Waldemar von Gröthe.

›Oh, diese armen Menschenkinder,
die sich durch das Leben quälen,
plagen, mühen und sich schinden,
malochen, rackern und entbehren.

Und zum Lohne ihrer Arbeit
schnappt das Maul des Fiskus zu,
voll mit Schärfe und mit Rauheit,
kaum ein Taler bleibt tabu.

Massen verschlingt des Staates Säckel,
unerschöpflich seine Gier,
Bürger zeigen ihren Ekel
an Verschwendung und Willkür.

Anstatt Reformen nur Gelaber
von Parteien und Obrigkeit,
keinen Mut, das Volk zu fragen,
dazu sind die nie bereit.

Und geht der Zyklus dann zu Ende,
des Wählers Stimme ist gefragt,
löst das Ergebnis aus Entsetzen,
oh, wer hätte das gedacht.

Dies ist die Macht der Lämmerherde,
Jahrzehnte trottete sie in einer Spur,
es siegt des Bürgers Menschenwürde
gegen Machtmissbrauch und Diktatur.‹«

»Ja, meine verehrten demokratischen Vertreter aus freiheitsliebenden europäischen Staaten, in denen demokratische Staatsoberhäupter den Versuch unternehmen, liberal zu regieren, ohne ihre Bürger an den Entscheidungen teilhaben zu lassen. Dies übernehmen die auserwählten Stellvertreter des Volkes, die dies mit bestem Wissen und Gewissen zusammen mit gewissenlosen Lobbyisten ausüben. Letztere befanden sich bereits bei der Gründung der Europäischen Union auf Warteposition, um ankommende EU-Parlamentarier mit Begrüßungsgeldern und bestechenden Geschenken zu empfangen. Nach kurzer Konfrontation mit ihrem Gewissen drängte sich die Notwendigkeit dieser Begierde auf. Seither gilt hier im Parlament, bei Abstimmungen zuvor diese Konzernvertreter zu Worte kommen zu lassen, um eine beiderseits zufriedenstellende Stimmabgabe zu gewährleisten. Ergebnisse dieser Koproduktionen wurden bereits europaweit umgesetzt, zum Wohle der Abgeordneten und zum Schaden der unterwürfigen Verbraucher. Aus der Menge solcher umsatzsteigernden Verfügungen greife ich zwei dieser irrsinnigen Verordnungen heraus. Unsere gute alte preisgünstige Glühbirne mit dem gemütlichen warmen Licht wird plötzlich als größter Energieverschwender entlarvt. Dafür werden uns von Osram und Konsorten diese unbehaglichen Monsterlichter zum Preis von acht Glühlampen empfohlen. Nach erfolgtem Austausch und Sortimentsräumung des Handels erfolgt die Pressemeldung: Vorsicht beim Umgang mit Energiesparlampen, enthalten Quecksilber! Aber das Kind liegt bereits im Brunnen begraben, um destotrotz nochmals im gemeinschaftlichen Zusammenwirken zwischen unbestechlichen EU-Abgeordneten und schmierenden Lobbyisten den nächsten folgenschweren Lapsus zu begehen. Der Staubsauger, der nach der Spül- und Waschmaschine beliebteste Haushaltshelfer, erhält ausgerechnet vom EU-Parlament die rote Karte. Eine Zwischenfrage! Wer von den Anwesenden benutzte jemals solch ein Gerät? Einhundert Prozent Enthaltung! Danke für die erste glaubwürdige Abstimmung in diesem Haus. Was haben Sie sich dabei gedacht, die Wattzahl für diesen Hausfreund herabzusetzen, um einige Kilowatt Energie einzusparen? Stattdessen ist der kastrierte Staubschlucker doppelt so lange tätig, um hartnäckige Fusseln und Schmutz von Teppichen zu entfernen. Sehr verehrte Unwissende, um die Bürger von Sparmaßnahmen zu überzeugen, erwarten diese eine Vorbildfunktion von oberster Stelle. Lassen Sie mich mit diesen mahnenden Worten enden:

Politiker mit weißen Hemden,
frisch gestärkt und bügelglatt,
halten Recht und Ordnung in den Händen,
doch im Innern sind sie schwach.

Mögen viele existieren,
die aufrichtig und ehrenhaft,
diese muss man tolerieren,
alle andern sind eine Last.

Politik ist ein Theater,
reich an Mimik, sprachgewandt,
auch das schönste Wortgeschwader
überzeugt nicht den Verstand.«

»Mein Abschlusswort gilt den wankenden und aus allen Fugen geratenen Grundfesten dieser Europäischen Union. Die Väter, die den Grundstein dafür setzten, missachteten, dass die dafür notwendigen, von den einzelnen Ländern bereitgestellten Quader teilweise aus schwammigen Steinblöcken bestanden, die nun die gesamte Substanz baufällig und einsturzgefährdet erscheinen lassen. Jedem Architekten ist bewusst, ein Bauwerk mit qualitativ bestem Material zu erstellen, das auch nach Jahrzehnten resistent gegen äußerliche Einflüsse Bestand hat. Leider zeigte sich, dass korrupte und gesinnungslose Mitgliedstaaten, mit minderwertiger Qualität, sich daran beteiligten. Anstatt diese zur Verantwortung zu ziehen, gewährt man den Verursachern Milliardengeschenke und statt Dank erntet man Spott und übelste Kritik. Es ist eine Schande, solch missratene Länder straffrei zu belassen, auf Kosten aller Steuerzahler. Alleine die sich monatelang hinziehenden Verhandlungen verschlangen hunderte von Millionen, was jedoch die Verhandlungsführer nicht abhielt, weitere hunderte von Milliarden in den Schlund dieser Ungeheuer zu schleudern. Wer solche Maßnahmen begreift, ist entweder völlig wahnsinnig oder ein Politiker, dessen Geisteszustand keiner Zurechnungsfähigkeit standhalten würde.«

»Danke für Ihre begeisterte Zustimmung mit Pfeifkonzert und unflätigen Zurufen. Auf Wiedersehen!

»Oberst Morbus von Crohn und Gastritis Teerstuhl sowie alle Führungskräfte bitte zur Abschlussbesprechung!«

»Dank der blendend durchdachten Planung von unserem Thomas von Eresing und eurem disziplinierten Auftreten gelang uns wieder ein großartiger Erfolg und wir kamen dadurch dem Endziel ein Stück näher. Unser neuer Mitstreiter, Erwin der Niederbayer, bestand auch seinen zweiten Einsatz mit Bravour. Die neu formierte Ersatzkniegelenk-Division, unter der Führung von Gastritis Teerstuhl und Oberst Morbus von Crohn, operierte noch etwas zaudernd, benötigt deshalb eine Unterweisung in: Haut den Lukas. Der Name ist auswechselbar. Die nächste Aktion wird in Kürze bekannt gegeben.«

»Abmarsch in die Heimat!«

»Bitte verbinden Sie mich mit Herrn Botschafter Kleiner Willy. Wieso bin ich ein Schwein? Ich kann auch nichts dafür, dass er so einen zweideutigen Namen trägt. Aha, der Vorname wird stets zuerst angesprochen? Na gut, dann eben Willy Kleiner, aber das ändert auch nichts.«

»Hallo, Kleiner Willy, komme soeben von unserem Auftritt vor dem EU-Parlament. Ja, ja, alles bestens. Nein, das Thema Flüchtlinge, Migranten und Asylbewerber habe ich nicht angesprochen, ist ja schließlich Angelas Lieblingsprojekt. Ja, diese Nachricht kam soeben von ›Die Welt digital‹ an, seltsamerweise brachte kein Sender diese Meldung. Wahrscheinlich müssen sie wieder auf die Erlaubnis von oberster Stelle warten, bis die öffentlich-rechtlichen Anstalten diese Mitteilung verbreiten dürfen. Natürlich haben wir es geahnt, dass Griechenland unfähig ist, solche Milliardengeschenke zu verwalten, jedoch unsere EU-Clowns glauben immer noch diesen Märchenerzählern mehr als Ökonomen mit Wirtschaftsforschungsstudium. Der Grund meines Anrufs betrifft das Wahlergebnis von Österreich. Weswegen straften die Wähler die Regierung dermaßen ab und bevorzugen nun die rechtpopulistische FPÖ, der eine Nähe zum Rechtsextremismus nachgesagt wird? Das begreife ich nicht, obwohl die Koalitionsregierung das Land vor einer weiteren Invasion schützte.«

»Lieber von Gurkenberg, zu spät, zu spät, viel zu spät reagierte der Staatsapparat auf die Völkerwanderung, da hat sich in den alpenländischen Köpfen bereits das Desaster eingebuddelt.

Bei der Bekanntgabe des Wahlergebnisses bebte die Erde im Bärental, wo Haiders Urne vergraben ist. Der Arme, den Lorbeerkranz bekommt nun Andreas Hofer umgehängt, äh, Norbert Hofer. Vielleicht hilft das harte Asylgesetz beim zweiten Wahldurchgang der Regierung verlorene Stimmen wieder zurückzuerobern, aber da sehe ich trotzdem braun.«

»Warten wir ab, schlimmer kann es nicht mehr kommen. Was ich Sie noch fragen wollte, besitzen Sie einen heißen Draht zum Ministerpräsidenten Seehofer?«

»Einen heißen gerade nicht, jedoch einen warmen. Was treibt Sie denn für ein Hintergedanke, Horst zu sprechen?«

»In der Tat möchte ich mich mit ihm unterhalten, vielleicht kann ich ihm beistehen die Kanzlerin aus der Fassung zu bringen. Die Landtagswahlen in Mecklenburg-Vorpommern und Berlin stehen vor der Tür, da könnte ich mit meiner Truppe bei Wahlveranstaltungen, bei denen sie auftritt, für Remmidemmi sorgen.«

»Solche Sonderwünsche laufen alle über seinen Sekretär und jeder weiß, wie der Andi tickt. Aber warten Sie noch ab, nächste Woche tagt die Vereinigte Alpenländische Union in Genf, da spreche ich bei Seehofer vor und unterbreite ihm Ihr Vorhaben. Was treiben eigentlich die drei alten Hasen, die ich Ihnen empfohlen hatte?«

»Na ja, zwei haben einen sehr guten Eindruck hinterlassen, der dritte, Edmund der Blonde, ist halt ein Zauderer, möchte nirgends anecken, um seine Finanzen nicht zu beschädigen. Musste ihn aus dem Verkehr ziehen, da er stets zu viel sinnierte, und das geht in unserem Verein schon überhaupt nicht.«

»Das ist doch ganz normal, als King von Bayern umgaben ihn Vordenker, Kontrolldenker und andere, die für seine Fehler geradestehen mussten. Am besten hielt sich noch das Schlitzohr Markus, der es nach wie vor versteht, dass sein Heiligenschein noch die volle Leuchtkraft besitzt. Verraten Sie mir, was Sie als Nächstes aushecken?«

»Das ist noch ungewiss, eigentlich schwebt mir vor, den Münchner Stadtrat zu belästigen. Ich wurde nämlich von Freunden öfters schon bedrängt gegen die Vergabe von Genossenschaftswohnungen an Migranten und Asylbewerber vorzugehen. Dies hat ein Ausmaß erreicht, das akzeptieren die Münchner nicht länger. Ältere Bewohner sind gezwungen nach Niederbayern oder Oberpfalz umzuziehen und diese Schmarotzer erhalten eine Wohnung und sonstige kostenlose Vergünstigungen.«

»Hoppla, lieber Gurkenberg, das ist schon eine recht heftige Bezeichnung, mit dieser handeln Sie sich eine Klage wegen Verunglimpfung der Menschenwürde ein.«

»Was Sie nicht sagen, ich dachte, Würde ist eine Wertebezeichnung für hochgeschätzte, ehrenvolle, ehrliche und respektvolle Personen und sie sowie unsere Rechtsgelehrten legen diesen Maßstab auf Menschen jeglicher Grund- und Geisteshandlungen an. Bei Ihnen als Theologe kann ich Ihre Haltung noch nachvollziehen, jedoch dass dieses Recht auch für Parasiten und Schnorrer Gültigkeit besitzt, ist mir schleierhaft.«

»Seien Sie doch nicht so ein Rechtsverdreher, das Grundgesetz sagt doch klipp und klar, die Würde des Menschen ist unantastbar, und das ist gut so. Und sollte einer eine ungesetzliche Handlung begehen, so kann sich dieser nicht mehr auf die Menschenwürde berufen.«

»Sehr interessant, wie Sie Recht und Gesetz als Alibi für diese Nutznießer anwenden, zum Schaden unserer schuftenden Steuerzahler, denen immer mehr ein würdeloseres Dasein zugemutet wird. Gerade deshalb kämpfe ich mit meiner Armee für die Erhaltung der Menschenwürde dieser armen Kreaturen, die sich nicht gegen diese Missstände erwehren können. Jetzt erst recht!«

Attacke auf das Münchner Rathaus

»Wie sieht's aus, Erwin, haben Sie Lust auf ein kleines Gemetzel gegen die Münchner Stadtfürsten? Benötige circa 500 deiner Krückstock-Invaliden.«

»Mensch, Gurkenberg, wann könna mia losleng? Mit dene hob i sowieso no a Hendl z rupfa, ea da Ude is zwar nimma do, aba da Reiter braucht a amoi an kloana Dämpfa, dea glaubt a scho, er is da ollabeste Obahaiptling, den München bisher ghabt hot. Wann geht's los?«

Übersetzung ins Deutsche

»Mensch, Gurkenberg, wann können wir endlich damit beginnen? Mit denen habe ich sowieso noch ein Hühnchen zu entfedern, Ude ist zwar nicht mehr anwesend, jedoch sein Nachfolger Reiter benötigt auch einmal einen kleinen Dämpfer, dieser denkt schon, er ist der allerbeste Oberhäuptling, den München jemals besessen hat.«

»In der Stadtratssitzung am 31.5.2016 wird über die Nutzung der Wohnungen in Neubaugebieten verhandelt. Die kümmerliche Anzahl Sozialwohnungen, die dort entstehen, sind mit Sicherheit für Einwanderer vorgesehen. Gegen diese Ungerechtigkeit sowie die Belegung von bestehenden Genossenschaftswohnungen durch Asylanten gehen wir vor. Unsere Devise heißt nach wie vor: Günstiger Wohnraum für bedürftige Münchner!«

»Ganz meina Meinung, Herr von Gurkenberg, des wär ja no schena, wenn de Einheimischn übaganga wean. Also dann am 31.5. am Marienplotz.«

Übersetzung ins Deutsche

»Ganz meiner Meinung, Herr von Gurkenberg, das wäre ja noch schöner, wenn die einheimische Bevölkerung übergangen wird. Also dann am 31.5. am Marienplatz.«

»Prima, Erwin, Punkt 11 Uhr bei Beginn des Glockenspiels legen wir los. Bitte Behindertenausweise nicht vergessen, benötigen wir für anschließenden Besuch der Kantine.«

»Gurkenberg, jetzt schau dia amoi de Leit auf dem Marienplotz und da Fuaßgängazone o, olle Hautfabm, kaum Einheimische san darunta. Oda veastecka se de alle? Früha war's do so gmüatlich, de Leit sind von weither zum Eikaffa kumma, sind durch de Straßn bummlt und jetzt schauts aus, ois wenn Nomadn do dahoam wär'n.«

Übersetzung ins Deutsche

»Gurkenberg, jetzt sieh dir einmal die Menschen auf dem Marienplatz und der Fußgängerzone an, alle Hautfarben, kaum Einheimische sind darunter. Oder verbergen sich die alle? Früher war es da so gemütlich, die Menschen kamen von weither zum Einkaufen, sie sind durch die Straßen gebummelt und jetzt sieht es aus, als wenn Nomaden hier zuhause wären.«

»Vergiss nicht, dass sich hier Japaner, Chinesen und sonstige Reisende aus aller Welt befinden, um die Sehenswürdigkeiten zu bestaunen. Du hast jedoch richtig erkannt, es wurde dunkler in München und diese Finsternis hat sich über alle Bundesländer ausgebreitet und könnte sich in absehbarer Zeit noch mehr eintrüben, aber das ist nicht unser Verschulden. Los packen wir's an und attackieren wir die Stadtratsversammlung.«

»Bitte gewähren Sie uns Einlass! Verweigern Sie uns nicht den Zugang in den Ratssaal! Machen Sie endlich den Weg frei! Krückstöcke hoch! Gezielte Schläge auf die Häupter!«

»Grüß Gott, Herr Oberbürgermeister Reiter, Herr Bürgermeister Schmidt und Stadtratsmitglieder der verschiedenen Fraktionen. Bitte unterlassen Sie das Glockengebimmel, Herr Oberbürgermeister, den Vorsitz übernehmen nun Erasmus von Gurkenberg und Erwin der Niederbayer, um Ihnen und Ihren Kolleginnen und

Kollegen diese Gewissensfrage zu stellen. Trifft unsere Vermutung zu, dass die Vergabe von Wohnraum vom Stadtrat oder von Ihnen, Herr Oberbürgermeister, gesteuert wird, um dabei Flüchtlinge und Asylsuchende zu bevorzugen? Weshalb regen Sie sich über meine Anfrage so auf? Selbstverständlich bekam das Wohnungsamt von Ihnen die Order, die Fremden den Einheimischen vorzuziehen. Ja, sogar Wohnungsbaugenossenschaften ersuchten sie mit höheren Mietzahlungen zu ködern, Leerwohnungen den Zuwanderern zu überlassen. Herr OB Reiter, Ihre Funktion als Oberhaupt dieser Stadt ist nicht, mit Wohnraum zu schachern, sondern in erster Linie patriotisch zu handeln. Ach, was Sie nicht sagen, ich hätte dafür keinerlei Argumente? Ich wette mit Ihnen, dass Sie bei Bürgersprechstunden und schriftlichen Beschwerden viele, viele Mitbürger auf diesen Missstand hingewiesen haben. Auch kann ich einige Begebenheiten in Neuperlach nachweisen. Beispiel Von-Knoeringen-Straße, Auszug einer Münchnerin nach fünfundzwanzigjähriger Wohndauer, Bewerbung einer jungen Münchner Familie mit fünfjährigem Kind, Mutter im sechsten Monat schwanger, lebten bisher in einer Eineinhalb-Zimmer-Wohnung, Zuspruch bekam eine afrikanische Familie mit zwei Kindern, Vater arbeitslos. Ich bin noch nicht zu Ende, Herr Oberbürgermeister, Sie müssen sich noch die Fortsetzung anhören. Nach einer Woche fliegt Ali mit der gesamten Familie nach Äthiopien, Flugpreis 7500 €, verbringt vier Monate in seiner Heimat, aus der er geflüchtet ist, bei Rückkehr verkauft er die Möbel, die ihm von der großzügigen Vormieterin überlassen wurden, und erhält dafür von der Stadt eine neuwertige Einrichtung und die Wohnungsbaugenossenschaft saniert das Bad supermodern auf Kosten aller Steuerzahler. Nein, dies ist mit Bestimmtheit kein Einzelfall, und das wissen Sie ganz genau. Bei meinen Recherchen über Flüchtlingsfragen bei Stadtratssitzungen stutzte ich, da diese nicht für die Öffentlichkeit bestimmt waren. Was wird denn hier hinter dem Rücken der Bürger beschlossen? Aha, der Bürger wäre sonst überfordert? Von mir keine weiteren Fragen mehr. Bitte gewähren Sie jetzt Herrn Erwin dem Niederbayern Ihre Aufmerksamkeit!«

»Verehrte Ratsmitglieda und regierende Oberhäupta!

Keine Angst, meine Kritik wirft ein neues Thema auf, üba des ich mich und alle Musikliebhaba in und um Münchn dermaßn aufgregt hob. Es betrifft, wie Sie schon ahnen, den neien Konzertsaal von Münchn. Ja, wos fällt eich und a dem Spaenle ein, so a Millionenprojekt in den Hintahof von dem Werksviertl am Ostbahnhof hineinzupferchn? Seids ihr von allen guten Musn verlassn? Durch den Ländafinanzausgleich verteiln mia unsere sauer verdientn Steiergelder übas ganze Land, des meiste frisst die Pleitehauptstadt, die sich davon de schönstn Protzbautn hinstellt, und mia könna uns koan neien Musiksaal in einem schöneren Viertl leistn. Ja, meint ihr vielleicht, dass da in so einem Bahnhofsverlies internationale Musikgrößn auftretn wolln? Sitzn denn überall nur Kulturbanausn in dene Gremien? Schaut's nach Griechenland, de baun sich jetzt eine neue Oper und noch eine neue Nationalbibliothek. Do frag i mi, wenn de nur Schuldn ham, mit was für an Geid können die sich sowas hinstelln? Und wenn jetzt oana sogt, des Geid wär bei de Flüchtling bessa anglegt, dann sog i zu dem, mein liaba Edelzeitgenosse, Sie haben sicha koane Kinda, sonst würden Sie üba so einen zukunftslosn Schwachsinn nicht einmal nachdenken. Sehens, imma wieda kommt man auf des Thema zruck, des geistert in allen Köpfn und man kanns nicht mehr obschüttln, das ist wie ein Virus, der des normale Denken nimma zulässt, fast schon so wie a Gehirnvollwäsch. Dabei wär es bessa, mit aussichtsreicheren Thematiken sein Hirnkastl zu beschäftigen, wie zum Beispiel dem neien Konzertsaal. Herr Dr. Roth, Ihr Einwurf landet sofort im Mülleima. Ich bin überzeugt, dass Sie vordergründig zugunstn Ihrer Grünen-Fraktion meinen Vorschlag ablehnen, jedoch in Ihrem Innern schauts ganz anders aus. Dieselbe Politik betreibt euer Erlösa, da Hofreita Toni ebenfois, imma degegen sein, imma sich kritisch äußern, ollaweil aufmüpfig sein, aber in Wirklichkeit glaubt eam des kein Mensch, wos er sogt, weil ihr alle a gespaltetes Denken habt. Zum Trost sei gesagt, des betrifft fast alle Politika. Jetzt seids doch endlich wieda ruhig, da sogt man die Wahrheit, und nicht amoi die könnts vertrang. Wer is eigentlich hier im Saal für die Kultur zuständig? Ah, da Küppers Hanse. Das Bayerische Nationaltheater ist zwar nicht Ihr Ressort, des is des vom Bayrischn Staat, aba vielleicht könnens dem ausrichtn, wias da auf der Bühne zuageht, des ist wirklich a Sauarei. Zum Erstn wird kaum noch a Oper im alten Stil aufgführt, die Kulissn, die früher so bezaubernd warn, bestehen jetzt aus oide Kistn und fantasielosn Sperrmüll und da Turandot wird aufgführt wia a außairdisches Spektakel, da is so laut, dass ma de Sänga nimma versteht. Aba das Abscheulichste, wos i jemals auf dieser Bühne gsehen hob, war Der feurige Engel. Da geht man ins Theater, freut sich auf einen schönen Abend, und was wird einem geboten? Pornographie, Männer, dene ihr Geschlabba aus da Hosn hängt, Vergewaltigung und imma wieda diese Drecksäue mit den offenen Hosntürl. Da hab i mi nimma haltn könna und hob pfui, pfui, pfui gschrien und bin aufgstandn und ganga. So zwei bis vier Besucha ham sich a entrüstet, aba de größere Herde ist dagesessn, als wärns die allerbestn Kunstkenner. Denen kann ma auch ois vorsetzn, de würden sogar no Beifall klatschn, wenn sich die Künstler auf einem stinkenden Misthaufn wälzen. Direktor absetzen, Dramaturgen rauswerfn und die musikalische Leitung sowie die für die Inszenierung Verantwortlichn auf Lebenszeit von unsera Oper verbannen. Viele von dene, die do die Verantwortung tragen, san, wie ma so schön sagt, von da andern Straßnseitn. I hab ja nix gegen Schwule, aber do im Nationaltheata sind die dermaßen in Überzahl, dass sie sich alles erlauben könna. Also, Herr Küppers, helfns mit, dass die Sauarei bald aufhört. Wos, des glauben Sie net? Schauns Ihnen doch in da Mediathek des Video an, do vergeht Ihnen a der Appetit. Do regt sich kein Grüna auf, sind wahrscheinlich alle FKKler, de sich nix mehr denken, wenn

Nackerte im Theata umeinander hupfn. So, jetzt bin i fertig. Gurkenberg, möchtn Sie no was song?«

Übersetzung ins Deutsche

Die Übersetzung ins Deutsche erübrigt sich, da Erwin vor den Stadträten sich bemühte, in seinem besten Hochdeutsch zu sprechen. Für Leser, die der deutschen Sprache nicht mächtig sind, hier ein paar Kurzübersetzungen. Spänle – bayerischer Kultusminister, Hirnkastl – Gehirn, amoi – einmal, ebenfois – ebenfalls, vertrong – vertragen, Geschlabba – männliche Geschlechtsteile, Hosentürl – Hosenschlitz, hupfn – hüpfen.

»Nein, Erwin, ich glaube, das erübrigt sich. Sie brauchen nur in die unbeteiligten Gesichter in dieser Aussegnungshalle blicken, da erkennen Sie sofort, dass unser Bemühen umsonst war.

Rollatoren-Truppe hurtig abtreten!«

»Erwin, Ihre Rede war ausgezeichnet und traf den Nagel auf den Kopf. Besonders gefiel mir Ihre Opernkritik, da haben Sie mir aus dem Herzen gesprochen. Auch ich erlebte letztes Jahr eine solch obszöne Aufführung, in der Mitwirkende sich an Menschenpuppen vergingen. Na, wie hieß das Stück gleich?«

»Gurkenberg, des konn nur Puschkins Eugen Onegin von Tschaikowski gwesn sein.«

»Richtig, Erwin, du bist ja ein ausgezeichneter Opernexperte.«

»Jetzt übatreiben Sie aba, hab doch nur im Kirchnchor gsunga.«

»Haben Sie heute schon was vor? Möchten Sie mich nicht in die Staatskanzlei begleiten, das war doch jahrzehntelang Ihre Wirkungsstätte. Sie wissen doch Bescheid, an wen man sich wenden könnte, um an halbgeheime Informationen zu kommen.«

»Na, des gäht scho gar nicht, i kenn ja kaum noch a Personal aus meina Zeit. Höchstns da Herrmann könnt mia was Vertrauliches erzähln, mit dem hob i imma noch a freindschaftlichs Verhältnis.

Wissns noch, Gurkenberg, wie dea in einem Interview von Negan erzählt hat? Do hätts mi bald zrissn vor lacha, wie i des ghört hob.«

Erwin sprach bestes Hochdeutsch, deshalb Verzicht auf eine Übersetzung

»Lieber Erwin, da ist es nicht nur Ihnen so ergangen, die Bezeichnung ›Neger‹ ist im bayerischen Dialekt so eingebrannt, da helfen keine diktatorischen Verbote. Wenn du bedenkst, welche Menge von Kinderbüchern wegen dieses Wortes verändert werden musste, da hätte man die Schulen komplett mit neuen Büchern ausstatten können.«

»Gurkenberg, das gfreit mich aba jetzt ganz sakrisch, dass des eana auch aufn Wecka geht. Ja, besonders den Kindagschichtn-Biacha hats den ganzn Effekt versaut. Aus ›Zehn kleine Negerlein‹, wurde ›Zehn kleine Kongo-Babys‹ und der Sarotti-Mohr soll jetzt Sarotti-Afrikana heißn. Auch den Negerkuss gibt es nimma, dafür produzierns jetzt Schokoschaum-Mäulchen. Ja, wos sind denn des für Hirnkranke, die so etwas verbietn? Die solln sich lieber um die Abschaffung der Sommazeit kümmern, do könnt man wenigstns hunderte von Millionen einsparn, aba da traut sich von dene Langweiler keina ran. Des muass i Ihnen noch erzähln, aba vielleicht ham Sie des auch im Fernsehn gsehn. Unsere kunterbunte Claudia, jetzt fällt mir der Nachnama nimma ein, Sie wissen scho, de von den Grünen, wurde in einer Diskussionsrundn gfragt, ob sie auch für die Annullierung der Sommazeit wär. Des glauben Sie jetzt net, wos die drauf gsagt hat: ›Oh Gott, nein und nochmals nein, da müsste ich ja eine Stunde früher aufstehen.‹«

»Sehen Sie, Erwin, schon deshalb müssen wir gegen die Vielfalt von unsinnigen Verordnungen angehen, die kurzsichtige Politiker produzierten, Sie natürlich ausgenommen.«

»Da brauchens jetzt gar net so schmeichln, i hab in meina Amtszeit auch a Menge Schmarrn gmacht, aber des sieht ma auch erst späta ein.«

»Na gut, dann lassen wir das heute mit der Staatskanzlei, die läuft uns nicht weg. Servus!«

Kurzübersetzung ins Hochdeutsche

Gäht – geht, dea – der, Nega – Afrikaner, zrissn – zerfetzt, Wecka – Wecker, Biacha – Bücher

Besuch bei der VAU in Zürich

»Hallo, Kleiner Willy, Extralob, dass Sie mich vom Flughafen abholen, und nochmals vielen Dank, dass Sie es ermöglichten, mich mit Seehofer zu unterhalten. Der Termin für heute Abend ist doch fix?«

»Gestern stand er noch fest, doch durch die Ereignisse an der italienischen Grenze verschoben sich die Abläufe. Im Gespräch mit dem Ministerpräsidenten konnte ich seine Bereitschaft erkennen, bei einigen Ihrer Aktionen Wohlgefallen zu finden und Ihnen Unterstützung teilhaben zu lassen. Was haben Sie denn in München wieder für einen Aufruhr erzeugt? Die gesamte Schweizer Presse berichtet überschwänglich von Ihrer Aktion im Münchner Rathaus. Die Neue Zürcher Zeitung bringt Ihre Protestrede vor dem Stadtrat mit der Schlagzeile: Endlich wacht Deutschland auf! Die Boulevardzeitung Der Blick betitelt Sie auf der ersten Seite als Revolutionär gegen die ratlose Bundesregierung. Jedoch die Neue Luzerner Zeitung übertrifft alle. Aufstand der Rollatoren-Armee reißt deutsche Bevölkerung aus ihrem Dornröschenschlaf.«

»Oje, Kleiner Willy, da ist die deutsche Presselandschaft noch meilenweit entfernt, von unseren Aktionen zu berichten, aber Gott sei gedankt, werden diese Schweizer Blätter auch bei uns angeboten. Zwei Tageszeitungen muss ich doch erwähnen, die Welt und die FAZ, beide Verlage berichten frisch und frei mit unzensierter Feder von skandalösen Vorgängen, die kaum eine andere Zeitung veröffentlicht, obwohl die Meldungen durch sämtliche Presseagenturen rattern. Eigentlich müsste man solche Berichte gar nicht konsumieren, kritische Bürger werden mit solchen Themen sowieso mehrmals täglich konfrontiert. Gestern zum Beispiel fuhr ich mit Rollstuhl und Begleitung in der Münchner U-Bahn. Meine deutsche Lebensgefährtin forderte freundlich einen deutschsprachigen älteren Herrn auf, seinen Rucksack vom Sitzplatz zu entfernen. Widerwillig und mit erbostem Blick nahm er ihn beiseite und warf ihn auf den gegenüberliegenden frei gewordenen Sitzplatz. Später stieg ein Afrikaner mit Kind zu, ohne Aufforderung griff sich der Herr seinen Rucksack und bot dem Zugestiegenen mit freundlicher Geste den Platz an. Es folgte ein überfreundliches Getue mit den beiden. Solche Beobachtungen machte ich haufenweise. Aber kommt eine junge einheimische Mutter mit ihrem Kind, diese wird argwöhnisch observiert und bei kleinsten Regelverstößen des Kindes kritisiert.«

»Lieber von Gurkenberg, solche Begebenheiten beweisen das überzogene gastfreundliche Verhalten vieler Deutscher gegenüber den migrierten Personen. Dies bewerte ich sogar als Unterwerfung, die sich in Zukunft nicht mehr beheben lässt. Mit Schaudern denke ich dabei an unsere Kinder, die diese Kapitulation von Freiheit und Selbstachtung ausbaden müssen.«

»Ja, Unterwerfung ist die richtige Bezeichnung für unseren beschädigten Nationalstolz. Da kann ich Ihnen eine weitere Kostprobe liefern. In unserem Wohngebiet befindet sich in einem Bürogebäude eine türkische Moschee, die alle zwei Monate ein Fest auf dem Parkplatz vor dem Bürohaus ausrichtet. Dazu muss der Platz vollkommen von Fahrzeugen geräumt werden. Die angrenzenden Wohngebiete leiden bereits an akuter Parkraumnot. Eines Abends wurde an den Fahrzeugen eine Nachricht angebracht, bei Zuwiderhandlung erfolgt kostenpflichtige Abschleppung. Eine solche Machtergreifung ist mir bisher noch nicht zu Ohren gekommen.«

»Soeben erhielt ich Meldung, in einer Stunde nimmt sich Ministerpräsident Seehofer für Ihre Fragen Zeit, er erwartet Sie im Restaurant des Hotels Mövenpick. Hier Ihre Legitimation für Zutritt in den Kongresssaal und Restaurant. Seien Sie bitte pünktlich!«

»Grüß Gott, Herr von Gurkenberg, wurde bereits von Ihren Bravurauftritten unterrichtet. Wie ich die Sachlage einschätze, besteht die Perspektive auf ein harmonisches Zusammenwirken. Nun erzählen Sie schon, was Ihnen auf dem Herzen brennt und was ich dazu beitragen kann, dass Ihre zukünftigen Operationen weiterhin von Erfolg gekrönt sind.«

»Zuerst allerbesten Dank, dass Sie dieses Treffen ermöglichten, Herr Ministerpräsident, oder soll ich Sie Präsident der Vereinigten Alpenländischen Union bezeichnen?«

»Ach, lassen Sie die Titel weg und betrachten mich als ganz normalen Bürger, so sprechen Sie ungezwungener über Ihre weiteren Vorhaben.«

»Danke! Mir ist zu Ohren gekommen, an der italienischen Grenze gab es Probleme mit afrikanischen Asylanten, die sich weigern sich auszuweisen. In Gruppen nehmen sie den Weg über die Alpen nach Österreich, um der Kontrolle zu entgehen. Mit welchem Plan geht die VAU vor, die Grenzgebiete abzusichern? Durch die Gebrechlichkeit meiner Truppenangehörigen erledigt sich unsere Mitwirkung in diesem Gelände.«

»Selbstverständlich sind wir auf so etwas vorbereitet. Diese schwarzen Grenzgänger, ich meine natürlich unkontrollierte Einwanderer, werden von Schleusern auf den seit Jahrhunderten ausgetrampelten Schmugglerpfaden begleitet. Diese enden auch irgendwo und hier werden sie von Tiroler Bergbauern und ihren Vieherden gebührend empfangen und auf demselben Weg wieder zurückgetrieben. Zum Einsatz kommen auch dressierte Steinböcke, welche auf Schwarz allergisch reagieren. Sie sehen, lieber von Gurkenberg, wo ein Wille, existiert auch ein Rückweg.«

»Und das ohne kostspielige Maßnahmen. Aus dem EU-Presseamt kam heute die Nachricht, das Parlament empfiehlt das Aussetzen der Visapflicht für türkische Staatsangehörige. Das musste Ihnen doch einen Stich mitten in Ihre Gesinnung versetzen, welche doch so felsenfest dagegen spricht.«

»Ja, in der Tat fühlte sich das wie ein Tiefschlag an, ausgeführt von ungebildeten und intoleranten EU-Kommissaren. Dazu muss ich etwas weiter ausholen. Der Anteil von Bürgern mit türkischen Wurzeln in Bayern nahm zwar in der Vergangenheit stetig ab, dafür befinden sich jedoch eine Großzahl von Türken in Bayern, die ohne Aufenthaltsgenehmigung hier leben. Jedem von uns ist es doch bewusst, dass jene, die ordnungsgemäß hier gemeldet und im Besitz einer deutschen Staatsangehörigkeit sind, ihrem Herkunftsland und ihrer Regierung mehr Tribut zollen. Nach Aufhebung der Visapflicht erhöht sich die Anzahl um geschätzte 600 000 und somit insgesamt auf 2,3 Millionen auf die Bundesrepublik verteilt. Die Statistik für Bayern sieht dann folgendermaßen aus. 600 000 hier ansässige Türken, plus circa 100 000 Neuankommende. Ich sehe bereits jetzt in Gebieten mit übermäßig großem Anteil türkischer Bevölkerung einen stetig steigenden Herrschaftsanspruch gegenüber der einheimischen Gesellschaft. Aber verraten Sie mir nun endlich Ihre weiteren Projekte!«

»Herr Seehofer, das wird mein bisher aufwendigstes Vorhaben. Mir schwebt da eine Großdemonstration unter dem Motto vor, Aufstand gegen Unrecht, Bevormundung und Willkür. Diese Aktion unterscheidet sich von meinen vorherigen, dass es keine überfallartige, sondern öffentliche Veranstaltung werden soll. Hierfür benötige ich für meine Armee und Besucher eine entsprechende Großfläche, die für mindestens 100 000 Gäste ausgerichtet ist. Unter Mitwirkung von Gastrednern und Unterhaltungskünstlern möchte ich an die einheimische Bevölkerung appellieren, endlich ihre Passivität abzulegen und gegen die Diktatur der Bundesregierung vorzugehen.«

»Oh, oh, lieber von Gurkenberg, davon würde ich Ihnen sehr abraten, damit schädigen Sie auch meine Fraktion im Bundestag. Anders wäre es, wenn Sie sich auf ein Thema beschränken, das auch mir Sorgen bereitet. Was da für eines in Frage kommt, muss ich Ihnen nicht unterbreiten.«

»Genau und gerade diese Problematik kommt bei der Veranstaltung zur Sprache. Da habe ich mich wohl bei der Auswahl der Schlagwörter etwas vergriffen. Anstatt Bevormundung benenne ich Sicherheit.«

»Klingt schon besser, aber Sie müssen dann auch die Begriffe Unrecht und Willkür entfernen und sich für Sicherheit einsetzen. Mein Vorschlag: Sicherheit und Recht den deutschen Bürgern. In diesem Slogan lauert die unausgesprochene Gefahr der ungezügelten Aufnahme von Migranten, Asylsuchenden und Flüchtlingen.«

»Perfekt!«

»Und Sie sprachen davon, Ausschau nach einer Veranstaltungsfläche zu halten. In München wird es schwer sein, OB Reiter zu überzeugen die Theresienwiese zur Verfügung zu stellen, jedoch für die Benutzung des Großparkplatzes der Messe Riem kann und wird er keinen Einwand vorbringen. Bei Ablehnung werde ich mich einschalten. Wie weit sind Sie bereits mit der Planung?«

»Da stehe ich noch am Anfang. Frühestens im Herbst dieses Jahres soll es über die Bühne gehen.«

»Und bis dahin keine Demonstrationen oder Attacken?«

»Oh doch, zuerst marschieren wir nach Karlsruhe zum Bundesgerichtshof, um gegen die lasche Vorgehensweise gegen straffällige Asylbewerber sowie das Verschweigen von Straftaten vorzugehen. Besonders stinkt es mir, dass die Ausbreitung von internationalen Verbrecherbanden stillschweigend hingenommen wird und als einziges Gegenmittel den Bürgern Verbesserungsvorschläge zur Einbruchssicherheit unterbreitet werden. Herr Seehofer, auch aus der vom Bayerischen Staat geführten Statistik geht eine Vervierfachung von Straftaten dieser Banden hervor und afrikanische kommen nun dazu. Sind wir denn machtlos gegen diese Gewalt?«

»Was denken Sie denn, weshalb ich gegen unsere taubblinde Angela so wettere? Vielleicht geht jetzt ein Ruck durch sie, da ihre Ziehmutter Margot verstarb und keine fernmündlichen Anweisungen ankommen. Wie Ihnen bekannt ist, beherbergte die DDR tausende von kriminellen nordkoreanischen Kommunisten, die nach der Wende die Bundesrepublik heimsuchten. Das war die Geburt der ersten Verbrecherringe, die besonders im Norden Deutschlands ihr Unwesen trieben. Dank der gnadenlosen Anwendung von

Gesetzen und rigorosem Einschreiten unserer Polizei hielten wir in Bayern diese Kriminellen im Zaum und genauso gehen wir in Zukunft gegen diese Cliquen vor. Deshalb begrüße ich Ihr Manöver, gegen die lasche Handhabung von Rechtswidrigkeiten vorzugehen.«

»Aber da existiert jemand an oberster Stelle, der Ihr Vorgehen mit Bremsklötzen behindert.«

»Diesen Jemand bezeichne ich als die Lachwitzfigur vom Parlament. Wer sich diesen Irrwitz erlaubt, in dieser schwierigen Phase gegen leichtbekleidete Frauen in der Werbung vorzugehen, der lenkt nur von den bestehenden Problemen ab oder ist selbst ein Muselmann. Wie kann man für ein Produkt verkaufsfördernde Maßnahmen ergreifen, wenn die Textilien unter einer Burka verborgen sind? Das finde ich so aberwitzig, wie wenn eine Muslimin vollbekleidet ins Schwimmbad steigt. Eher würde ich das Tragen von Strings für Männer verbieten, die ihre lächerliche Kleinigkeit wie stolze Pfaue auf der Liegewiese präsentieren.«

»Da bin ich vollkommen auf Ihrer Seite, Herr Seehofer. Ich merke, dass uns beide jede Menge Gemeinsinn verbindet, der bestimmt auch auf Folgendes zutrifft. Diese Person, die die deutsche Justiz vertritt, von vertreten kann nicht die Rede sein, wendet das Recht nicht auf straffällig gewordenen Migranten an, sondern stöbert lieber nach dem Maulwurf, der die Meldung verbreitete, behutsam gegen diese vorzugehen. Was ist das nur für eine Rechtsauslegung, Migranten werden verschont, jedoch den deutschen Bürger trifft die volle Gesetzgebung?«

»Lieber Gurkenberg, wer in einem so kleinen Bundesland wie dem Saarland immer nur an der Bassgeige zupfte und plötzlich eine Violine in Händen hält, von dem können Sie keine Klassik erwarten. Habe ich Klassik gesagt? Meinte natürlich Klasse. Geht noch etwas in Ihren Sinnen vor, so sollten Sie sich beeilen, die Gesprächsstunde geht zur Neige.«

»Ja, und das liegt mir sehr am Herzen. Ich bitte Sie im Namen aller

Klassikbegeisterten, überdenken Sie Ihre Entscheidung noch einmal, den neuen Konzertsaal auf dem ehemaligen Ramschgelände am Ostbahnhof entstehen zu lassen. Das hat München nicht ...«

»Ist schon gut, ist schon gut, lieber Gurkenberg. Die Ansprache von Erwin vor dem Münchner Stadtrat habe ich mir kommen lassen, finde sie sprachlich sehr beeindruckend und dadurch überzeugend. So ist halt unser Erwin, wenn er spricht, geht das Bayerische mit ihm durch, was ich unbedingt als positiv bewerte. So offeriert er seine Meinung und verleiht ihr die Kraft seines Denkens. Das letzte Wort ist noch nicht gesprochen und auch in der Staatskanzlei regt sich Unmut über diese Entscheidung. Kollege Spänle verbringt bereits Tage mit dem Kulturreferat und Musikverantwortlichen, einen neuen und idealeren Standort für den Konzertsaal zu finden. Auch soll sich dieser nicht hinter dem Hamburger und Berliner verstecken müssen. Also seien Sie beruhigt, auch ich schätze Klassikmusik, aber auch Jazz, und dies sollte in einem prächtigen Rahmen präsentiert werden. Schön, dass ich Sie kennenlernen durfte, Herr von Gurkenberg. Bis bald.«

»Bitte gewähren Sie mir noch eine Minute. Ihre Ankündigung, für die Bundestagswahl 2017 ein eigenes Programm zu entwerfen, soll doch bestimmt nur eine Drohung an Angela sein, damit sie einlenkt?«

»Herr von Gurkenberg, lassen Sie sich eines gesagt sein, meine Geduld ist kein Gummiband, das sich unendlich dehnen lässt. Ich werde ja bereits als bayerischer Papierlöwe bezeichnet, der nur brüllend sein Maul aufreißt und sich wieder in seine Behausung zurückzieht. Damit ist nun ein für alle Mal Schluss. Diese Herrschaften da oben bekommen das, was sie verdienen, eine Oppositionspartei, die auf ihre Schwester keine Rücksicht mehr nimmt. Sie werden noch an mich denken, wenn im Herbst 2017 der Wahlausgang bekannt gegeben wird.«

»Herr Ministerpräsident, vielen Dank und eine erfolgversprechende Konferenz im Kreise Ihrer Gleichgesinnten.«

Karlsruhe lässt grüßen

»Liebe Mitstreiter, liebe Führungskräfte, in acht Tagen starten wir mit vollem Programm, was bedeuten soll, mit allen zur Verfügung stehenden Abteilungen der Rollatoren-Armee, ob Rollatoren-Division, Krückstocktruppe, Ersatzkniegelenk-Division, Bayerische Vierrädler-Division und motorisierte Rollstuhl-Division. Die Ersatzkniegelenk-Division unter der Führung von Amazonin Gastritis Teerstuhl und Oberst Morbus von Crohn absolvierten ein zweiwöchiges Unterweisungstraining und besitzen nun dasselbe Ausbildungsniveau wie die anderen Truppenteile. Bitte melden, wer sich der Strapaze nicht gewachsen fühlt, für diejenigen steht ein Bus bereit. Nächster Halt Südfriedhof. Die Reise nach Karlsruhe findet aus Einsparungsgründen mit der Deutschen Bundesbahn in Transportwaggons 5. Klasse statt. Bei Ankunft sofortige Aufstellung zum Abmarsch, Ziel Bundesgerichtshof. Ich muss Sie nicht extra darauf hinweisen, sich mit Speisen und Getränken selbst zu versorgen. Abfahrt Güterbahnhof Gleis 12, pünktlich 5 Uhr. Bitte drängeln Sie nicht, Güterwaggons stehen ausreichend zu Verfügung.«

»Aber Herr von Gurkenberg, ich, Thomas von Eresing, protestiere im Namen aller Teilnehmer gegen diese Verfrachtung von Menschen mit diesen unzumutbaren Beförderungsmitteln. Wir sind doch keine Viehherde, die man mit solchen Massentransportern verschickt.«

»Ja, ja, ja, des is a meine Meinung, do muass i, wenns mir a schwerfällt, dem Thomas scho beistehn. Des geht scho gar net, schließlich san des no lebende Personen, de kann ma net einfach wie a Postpakal befördan. Wie denken Sie darüba, Oberst Morbus von Crohn?«

»Diese beiden Herren widersetzen sich dem Kommando des Führers, das ist eine Aufforderung zur Meuterei. Thomas von Eresing spielt sich als Heiliger Christopherus auf und Erwin der Niederbayer agiert als aufmüpfiger Schutzpatron Sebastian. Als mein Bataillon damals an die Ostfront versetzt wurde, marschierten wir zu Fuß bis nach Stalingrad. Seid doch keine solchen Weicheier, die stets nach Erster-Klasse-Abteilen schreien. Das ist sicherlich auch die Meinung von unserer Amazonin Gastritis Teerstuhl.«

»Meine lieben Kampfhähne. In meiner Zeit als Revoluzzerin bewegten wir uns öfters per Anhalter. Nach einigen Kilometern verabschiedeten wir den Fahrzeuglenker, indem wir ihn kurzfristig über die Seitentür entsorgten. Rastplätze sind nach wie vor ideale Standorte, Busse und andere Fortbewegungsmittel in Besitz zu nehmen. Also für uns gab es keinerlei Probleme der Personenbeförderung. Ein etwas logistischeres Vorgehen hätte ich von Ihnen, Herr von Gurkenberg, auf jeden Fall erwartet.«

»Ich hatte zwar nicht zu einer Abstimmung aufgerufen, jedoch wenn meine Untertanen 3 : 1 gegen meine Vorgehensweise stimmen, so beuge ich mich der humaneren Mehrheit und deshalb marschieren wir bereits morgen früh nach Karlsruhe. Keine Angst, das war nur ein Seitenhieb auf euer Rebellieren. Meine neue Entscheidung steht nun endgültig fest, der Transport findet wie geplant statt. Abtreten!«

»Mannschaften antreten, im Laufschritt zum Bundesgerichtshof.«

»Bitte Führungskräfte zu mir. Gerichtsgebäude umstellen, Krückstocktruppe und Ersatzkniegelenk-Division folgen mir. Bei Widerstand Strategie 6 anwenden. Marsch!«

»Alle anwesenden Richter, Staatsanwälte und sonstigen Rechtsdiener aus ihren Schlafkojen in den großen Versammlungssaal treiben.«

»Sehr geehrte Präsidentin und Präsidenten, werte Rechtsbrecherinnen und Rechtsverbieger des deutschen Bundesgerichtshofs!«

»Ich eröffne hiermit die Verhandlung in der Strafsache ›Im Namen des Volkes gegen die zwiespältige deutsche Gerechtigkeit‹.«

»Einspruch wird abgelehnt, auch später abgegebene Einwürfe haben keine Berechtigung, angehört zu werden. Bitte verhalten Sie sich ruhig, wir befinden uns hier im Gerichtsaal und nicht in einem Parlament. Bei weiteren Störversuchen spreche ich saftige Ordnungsstrafen bis hin zu acht Tagen Arrest aus. Ruhe! Die Formel ›Im Namen des Volkes‹ wird bei jeder Urteilsverkündung angewandt und ohne überzeugende Berechtigung ausgesprochen. ›Im Namen des Volkes‹ besteht nur aus drei oder sechs Justizvertretern, die willkürlich Gesetze hin und her verbiegen, um beim abschließenden Urteilsspruch stets mit dieser Floskel das Volk mit einzubinden und somit die Verantwortung dem Volke zu übergeben. Die deutsche Gerichtsbarkeit verstößt damit gegen das Grundgesetz, Artikel 3 (Gleichheit vor dem Gesetz) Absatz 1. Alle Menschen sind vor dem Gesetz gleich. Das Volk akzeptiert keinesfalls die willkürliche Anwendung von Gesetzesumgehungen bei straffällig gewordenen Asylanten oder Migranten, die offenbar durch Anwendung von Sonderregelungen straffrei ausgehen. Dagegen schlägt bei deutschen Bürgern die Gesetzgebung mit voller Härte zu. Die Vermutung liegt nahe, eine von oberster Stelle ausgegebene Weisung einzuhalten, um mildere Urteile auszusprechen. Diese Art von schwammiger Rechtsprechung ist ein Anschlag auf unsere Rechtsordnung und damit eine Aushöhlung unserer Gesetze. Ich könnte Ihnen massenhaft Gerichtsurteile vorlegen, die von weichgespülten Richtern ausgesprochen wurden, über die verantwortungsvolle Kollegen nur ihre Köpfe schütteln. Schon deshalb fordere ich, die Formel ›Im Namen des Volkes‹ abzuschaffen, da kein Bürger sich damit angesprochen fühlt, und in ›Im Namen der deutschen Justitia‹ zu ändern. Dieser über Gerichtsgebäuden thronenden Figur der Gerechtigkeit können unbesorgte Richter ihre Urteile in die Waagschale werfen, bis sie wegen Ungerechtigkeitsüberlastung vom Sockel kippt. Und sie als die Wächter über Gesetz und Ordnung schütteln nur ihr Haupt und entledigen sich der Verantwortung.«

»Eine der skandalösesten Gerichtsverhandlungen geht nach drei Jahren vor dem Oberlandesgericht im Münchner Justizpalast ihrem Ende entgegen. Drei lange Jahre benötigte das Gericht, Schuldzuweisungen gegen die schweigende Verbrecherprinzessin heranzukarren. Dabei ist doch allen klar, diese Frau war die Gangsterbraut dieser feigen Mörder und in jede ihrer Straftaten eingeweiht. Ja, unserer Justiz fehlt die Glaubwürdigkeit, Gerechtigkeit auszuüben, lieber verschwendet sie Millionen, um in angemessener Zeit ein Urteil zu fällen. Ich frage mich, meine sehr verehrten Gesetzeshüter, weshalb die deutsche Rechtsauslegung, eklatanterweise in den vergangenen Jahren eine solche Häufung von Auffälligkeiten produzierte. Kann mir das einer von Ihnen erklären? Wie bitte? Die bestehenden Strafgesetze sind die Anhaltspunkte für einen gerechten Urteilsspruch? Ja, die Dame bitte!«

»Ich verbitte mir im Namen meiner Kolleginnen und Kollegen diese haltlosen und diskriminierenden von einem Laien vorgebrachten Bezichtigungen, dass die bestehenden Gesetze von unserer Gerichtsbarkeit differierend angewandt werden.«

»Der Herr mit der Glatze bitte.«

»Herr von Gurkenberg, schon Ihre Charakterisierung meines Hauptes löst in mir Wut und Empörung aus. Wie können Sie es wagen, meine Schädeldecke als Glatze zu bezeichnen, wo sich doch noch ein Haarkranz darauf befindet? In meinem Amt als Erster Staatsanwalt hier in diesem Hause werde ich gegen Sie eine Verleumdungsklage einreichen und ich persönliche führe die Anklage.«

»Guter Mann, meine Frage war nicht, ob sich auf Ihrem Amtsschädel noch Resthaare befinden, sondern ob es zutrifft, dass Gesetze differierend angewandt werden. Ein bisschen mehr Aufmerksamkeit erwarte ich mir schon von einem Staatsdiener und spielen Sie als hoher Beamter nicht die beleidigte Leberwurst. Darf ich Ihren Namen erfahren?«

»Dr. Dr. jur. Fidelis Ivo Helory-Ehrbar.«

»Ich vermute, Ehrbar ist der angenommene Name Ihrer Ehefrau, die anderen angehäuften Namen befinde ich als unzulässig, da es sich hier um einen Patron beziehungsweise Heiligen der Justiz handelt, und diese stehen Ihnen als Staatsanwalt schon überhaupt nicht zu. Nachdem Sie meine Frage unbeantwortet ließen, schließe ich daraus, dass Ihr Schweigen einer Zustimmung meiner Vorwürfe gleichzusetzen ist.«

»Ich erhebe Einspruch!«

»Unterlassen Sie diesen Zwischenruf, Ihre Anhörung ist abgeschlossen.«

»Ja bitte, der Herr mit dem Schnauzer.«

»Mein Name Dr. jur. Nabid Abdelfatah, Oberrichter und juristischer Betreuer arabischer Straftäter. Wobei ich besonders darauf hinweisen möchte, dass in der Bundesrepublik kaum eine Straftat, ausgeführt von arabischen Personen, zur Anklage gelangte. Ja, ich darf Ihnen sogar versichern, weder Migranten, Flüchtlinge oder Asylsuchende und, auf was ich besonders hinweisen möchte, Deutsche mit arabischem Hintergrund sind durch ihr friedliches und humanes Verhalten eine Bereicherung für dieses Land. Falschmeldungen von Medien und diversen Zeitungsverlagen versuchen stets einen Keil zwischen die Bevölkerung zu treiben, jedoch diese lässt sich von manipulierten Nachrichten keineswegs einschüchtern. Um Ihre Frage zu beantworten, darf ich aus dem Gesetzbuch den Artikel 3 Absatz 3 über die Grundrechte vortragen.

(3) Niemand darf wegen seines Geschlechtes, seiner Abstammung, seiner Rasse, seiner Sprache, seiner Heimat und Herkunft, seines Glaubens, seiner religiösen oder politischen Anschauungen benachteiligt oder bevorzugt werden. Niemand darf wegen seiner Behinderung benachteiligt werden.

Wie Sie daraus erkennen, werden in diesem gelobten Land alle, besonders die arabischen Mitbürger, vor dem Gesetz gleich behandelt. So wie es geschrieben steht, so ist es für uns Araber eine Willkommensgeste, weitere Zeltstädte hier zu errichten. Eine weitere Geste des guten Willens erfuhr ich von den christlichen Kirchen in diesem Lande, die ihre Schäflein unserer Mission preisgaben. Das beweist wieder einmal, in jedem von euch hat Allah bereits, ohne nachhelfen zu müssen, Einzug gehalten. Danke, ihr Kirchenfürsten, euer Weitblick ist unermesslich. Danke Deutschland, Allah beschütze euch und euren Finanzminister.«

»Sie, Gurkenberg, meint dea des so, wie ers gsagt hat, oda frotzlt der üba uns?«

»Der meint es genauso, wie er es gesagt hat, obwohl, bei Arabern steckt hinter jedem gesprochenen Wort eine Doppelzüngigkeit.«

»Wie hat der des dann mit den Kirchnfürstn gmeint, verhandln de schon üba ein Büngnis mit dem Islam?«

»Lieber Erwin, der Herr Abdelfatah ist ein außerordentlich weiser Vordenker und besitzt ein Gespür, das ihm die gegenwärtige Situation in der Bundesrepublik offenbart. Unsere Kirchenführer predigten doch stets Solidarität und Mitgefühl, Herzenswärme und Aufnahmebereitschaft den Moslems gegenüber und dabei diffamierten sie uns Christen. Das kommt davon, stets auch noch die andere Backe anzubieten. Mir kommt es fast so vor, als wenn einige unserer Kardinäle bereits zum Islam konvertierten.«

»Glauben Sie wirklich, dea Islam hot uns Deitsche scho übarumplt, nacha hot der Heinrich Heine des schon 1840 vorausgsehn, wia er sei Gedicht gschriebm hat.

›Türken, Inder, Hottentotten
sind sympathisch alle drei,
wenn sie leben, lieben, lachen
fern von hier in der Türkei.

Doch wenn sie in hellen Scharen
wie die Maden in dem Speck
in Europa nisten wollen,
ist die Sympathie schnei weg.‹«

»Und das hat Heine bereits damals verfasst? Sicher dachte er dabei an die Belagerung Wiens 1683. Ja, damals hat sich das halbe Europa noch gegen die Osmanen gestellt und sie vernichtend geschlagen. Aber mit der jetzigen Osterweiterung schaufelten wir unser eigenes Begräbnis. Da gibt es kein Zurück mehr und unsere Moslem-Angie trommelt weiterhin, kommt ihr armen verfolgten Menschenkinder, unsere Sozialkasse ist so prall gefüllt, greift hinein, bevor meine Untertanen sich bereichern. Aber zurück zum angeblichen Gedicht von Heinrich Heine. Ist jemand unter diesen hochgebildeten Herrschaften mit poetischem Wissen? Ja bitte, die gebräunte Dame mit dem Wuschelkopf und der abgedunkelten Brille.«

»Mein Name ist Ashanti Müller und ich arbeite als Gerichtsschreiberin hier im Hause. Ihre Beschreibung meiner Person empfinde ich als außerordentlich provokativ. Von wegen gebräunte Haut und Wuschelkopf, alles Natur, so wie mich Allah schuf, und darauf bin ich sehr stolz, Sie weißes ungehobeltes Bleichgesicht mit Schmalzfrisur.«

»Oh, bitte vielmals um Entschuldigung, ich wollte Sie nicht beleidigen, jetzt, da Sie es sagen, erkenne ich Ihre biologische Hautfarbe. Sind Sie jetzt noch bereit über Heine etwas zu sagen?«

»Jetzt erst recht, Sie ungebildeter armer Poet. Ich besitze sämtliche Schriftwerke von Heinrich Heine und anderen deutschen Prosaisten, in keinem seiner Werke begegnete mir dieses Kurzgedicht. Dieses Gedicht ist in einem so plumpen Schreibstil, dass es schon deswegen nicht Heinrich Heine zugeschrieben werden kann. Und noch ein Indiz spricht dagegen, zu Heines Zeiten existierte der Name Türkei noch nicht und jedem gebildeten Menschen ist bekannt, Inder und Hottentotten hielten sich niemals in diesem kulturarmen Lande auf. Ich beobachte seit meiner Zuwanderung, dass das so mit wunderbaren Dichtern und Komponisten gesegnete Deutschland immer mehr in eine kulturlose Landschaft verfällt. Wo sind die Denker und Künstler, die gegen diesen Kulturschaden ankämpfen, wo sind die Bürger dieses Landes, die sich gegen diese Lethargie erheben? Dieses Volk hat sein eigenständiges Denken aufgegeben und lässt sich nur noch von Schlagzeilen und gebetsmühlenartigen Diskussionsrunden leiten, die es dann zum gedankenlosen Beifallklatschen zwingen. Sie überlassen das Philosophieren den Medien und Politikern. Sehen Sie sich doch die zukünftigen Erben dieses ehemals so gepriesenen Wunderlandes an, wie sie ihren Restverstand mit primitiven gehirnwäscheartigen Unterhaltungsspielen vollkommen eliminieren. Dazu fällt mir am Schluss nur noch diese Redewendung ein. Herrschaften, wo lassen Sie denken? Sind Sie nun zufrieden?«

»Bah, da bin ich aber platt, besser hätte nicht einmal ich die gegenwärtige Situation in der Bundesrepublik beschreiben können. Bravo, Frau Müller! Na, Erwin, was ist deine Meinung dazu?«

»Mei, vielleicht hob i des Gedicht auch nur nachgeplappert, wia so viele, dene des in da jetzigen Zeit gerade rechtkumma is. Aba a bisserl Wahrheit steckt doch drin. Auch wenns nicht von unsam Heine is, irgendeiner, der was vom Reimen vasteht, hot des ganz sche gschriem. Hoffntlich glaubts ia jetzt net, dass i braun angehaucht bin, des würde mich scho in meim Innan sehr valetzn.«

»Erwin, ich würde Ihnen raten, kein Wort mehr über dieses Thema zu verlieren, erblicke bereits anklagende Mienen unter den Rechtsgelehrten.«

»Is scho guat, nacha halt ich halt mein Maul, nicht dass do so a Übaeifriga mir desweng an Prozess macht.«

»Thomas von Eresing, warum flüstern Sie so?«

»Möchte Sie nur darauf hinweisen, die Verfassungsrichter über die Abweisung der vorgebrachten Klage gegen die Flüchtlingspolitik der Bundesrepublik zu hinterfragen.«

»Danke, Thomas, das wäre jetzt auch mein nächstes Thema.«

»Leider sind die Verantwortlichen, die diese Verfassungsklage kurz und bündig und ohne Begründung zu den Akten legten, nicht anwesend oder verstecken sich hinter breitschultrigen Kollegen. Ihre lapidare Erklärung, die Annahme der Klage hätte die politische Landschaft völlig umgekrempelt, beweist wieder einmal, mit welcher Befangenheit darüber entschieden wurde. Befindet sich denn in keinem der hier anwesenden Götter des Rechts ein Funken Nationalgefühl? Ruhe! Setzen! Sehen Sie, sogar Patriotismus löst in euren rechthaberischen Gehirnen Angst und Schrecken aus. Diese Art von Heimatliebe wird vom Rechtsstaat nur bei Sportveranstaltungen gewährt, ansonsten ist diese nicht erwünscht. Predigen unsere demokratischen Regierungsparteien nicht stetig Freiheit und Gerechtigkeit? Jedoch die Liebe zum Vaterland, wie dies in unserer Nationalhymne zur Sprache kommt, wurde bereits aus des Bürgers Gehirnen weggespült. Anstatt für Heimatliebe appelliert unsere, nein, fremdartige Staatsfürstin mit ihrem Hofstaat für Fremdenliebe und ihr leibeigenen Diener dieses Staates traut euch nicht, gegen diesen Rechtsbruch vorzugehen. Ja, schreit und tobt nur! Dies bewerte ich als vollkommene Unterwerfung und unwürdig gegenüber dem Volke. Ruhe! Ersatzkniegelenk-Truppe marsch, marsch, Randalierer entfernen!«

»Herr von Gurkenberg, erlauben Sie mir mein Unbehagen über die nicht anwesenden Richterkollegen vorzutragen?«

»Ich nehme an, Ihre Gesinnung stößt bei Ihren Amtsgenossen auf Gegenwehr. Darf ich Ihren Namen erfahren?«

»Geht es auch ohne Namensnennung?«

»Natürlich, aber wozu? Sie sind doch sowieso der einzig Anwesende hier im Saal.«

»Und Ihre Mitstreiter?«

»Na gut, einverstanden.«

»Um das Gespräch ein wenig persönlicher zu gestalten, verwende ich nun ein Pseudonym und bezeichne mich Richter Adams. Meine letzte Wirkungsstätte befand sich am Bayerischen Verfassungsgerichtshof in München. Vor drei Monaten wurde ich zum Bundesverfassungsgericht in den Zweiten Senat nach Karlsruhe berufen. Bereits während meiner Einarbeitungszeit wurden mir Zweifel an der gerechten Auslegung mancher Gesetze zuteil. Bei einer Hinterfragung wurde ich als bayrischer Querulant bezeichnet, da hätte ich gute Lust gehabt meinen Dienst hier zu liquidieren. Zwischenfrage! Herr von Gurkenberg, macht es Ihnen was aus, wenn ich meinen Vortrag mit meinem bayerischen Dialekt fortsetze?«

»Wäre mir auch recht. Ich bin zwar selbst ein Bayer, möchte aber doch gerne Ihren Beweggrund dafür erfahren.«

»Sehns, mit Bayrisch brauch i nicht so lang erklärn, do laft mei Erläutarung wesntlich kürza ob.«

»Wie recht Sie haben, Richter Adams, nun schießen Sie los.«

»Also wenns mi frong, nacha besteht des ganze Bundesvafassungsgricht aus lauta Winkladvokatn, de Gesetze nach Guatdünken ausleng. Wer konn denn bei diesa Flut von Gesetzn übahaupt no durchblicka? De werdn doch so gmacht, dass unsara Obrigkeit zum Nutzn san. Wie i noch in Moosbuag Richta war, do hot keina a Verhandlung verlassn, ohne dass ea mir de Hand gschüttlt hot. Jedsmal bin i auf den Kläger und den Beklagtn zuaganga und hob guat auf de eigredt, sie solln doch net so stur auf ihr Recht pochn, des hat doch übahaupt keinen Sinn, dass sie sich wegen so eina Lappalie de Schädel einschlong. Manche sind nacha als Freunde aus dem Gerichtssaal ganga. Natürlich geht sowas nua bei einem Amtsgericht und bei kleineren Straftatn, bei größere, do beißt da Richta auf Granit, weil die Herrn Staatsanwälte und de Vateitiga alles raushoin wolln. Aba jetzt bin i a bisserl abgschweift vom Hauptthema Karlsruhe. Was glaums, Herr von Gurkenberg, wie Richta, Anwälte und andere Rechtsgelehrtn die Köpf verdrehn üba manche Urteile, die des Bundesverfassungsgricht fällt. Einige bildn sich scho ein, sie befänden sich auf Honolulu oda im Dschungl, so weltfremd sind manche ihrer Entscheidungen. Also do bin i felsenfest übazeugt, je höher die Gerichte, umso unverständlicha san die Richtasprüch. Wobei, a Richtaspruch soll doch nach geltendem Recht erfolgen, aba des mit dem Recht is so wie mit dem Wetta, jeda von den Wettapropheten sagt ein anderes voraus. Verstehn Sie, wie i des moan?«

Übersetzung nicht nötig, gut verständliche Wortwahl von Richter Adams!

»Meine Worte, Herr Adams. Möchten Sie noch etwas zu Ihrer sehr offenen Ausführung dazufügen?«

»Herr von Gurkenberg, da gäbs no so vieles, aber des erzähl i ihnen einmal außerhalb vom Gricht.«

»Rollatoren-Armee abrücken und Abmarsch in die Heimat!«

»Hallo, Thomas von Eresing, hätten Sie nicht Lust, mich auf der Heimfahrt zu begleiten?«

»Wäre es nicht besser, mit meinen tapferen Kriegern zu fahren?«

»Dies kann doch unsere Amazone Gastritis von Teerstuhl übernehmen, dann lernt sie wenigstens die Betreuung von altersschwachen und ermatteten Kämpfern. Weshalb ich so darauf dränge, lässt sich in zwei Sätzen erklären. Ich benötige von Ihnen einen Vorschlag, wie wir bei unserer Großdemonstration in München vorgehen, die seit Bestehen unserer Rollatoren-Armee zur absolut größten Herausforderung wird. Besondere Beachtung gebührt der Organisation für frühzeitige Werbung, Verköstigung von circa 100 000 Besuchern, Bereitstellen von Toiletten, Erste-Hilfe-Maßnahmen, Sitzgelegenheiten, Bühnenaufbau, Tonverstärker, rechtzeitige Einholung der Genehmigung, Zubringerbusse, Ordnungskräfte und vieles mehr.«

»Oje, ich glaube, da übernehmen wir uns, für eine solche Großveranstaltung benötigen wir unbedingt ein Profi-Unternehmen und da wage ich nicht an die Kosten zu denken. Ich gehe davon aus, dass wesentlich mehr Teilnehmer die Kundgebung besuchen. Bedenken Sie, unsere Mitglieder haben bereits ein Volumen von 25 000. Nein, ich würde Ihnen davon abraten, schon wegen der Verantwortung, wenn es zu Ausschreitungen kommen sollte. In meinem Kopf schwirrt seit dem Tage, an dem ich in Ihren Verein einstieg, so eine Inspiration umher, mit der ich mich, aber vielleicht auch Sie sich anfreunden könnten. Ihre bisherigen Aktionen fanden bei den Bürgern so viel Zuspruch, da wäre es doch einer Überlegung wert, über die Gründung einer Partei nachzudenken. Sie hatten doch bereits in Ihrem früheren politischen Leben ausgiebig Erfahrungen gesammelt, so dürfte Ihnen dies zum Vorteil gereichen, wieder ins politische Rampenlicht zurückzukehren. Ihre Beliebtheit bei den Bürgern ist nach wie vor immens und diese sehnen sich danach, Sie wieder auf der Bildfläche zu sehen. Über den Parteinamen habe ich bereits nachgedacht und kam zu dieser Konzipierung: DPU – Deutsche Patriotische Union. Gefällt Ihnen mein Vorschlag?«

»Oh jemine, was für eine Strategiesturzflut geht da auf mich nieder. Darüber sofort zu entscheiden, bedarf es sehr großer Weitsicht und Besonnenheit sowie der Einbindung unserer Führungskräfte. Schön wär's, doch wie man so schön sagt, das Fleisch ist willig, doch der Wille ist schwach.«

»Sie meinten wohl, der Geist ist willig und das Fleisch ist schwach.«

»Nein, nein, das ist schon so richtig, das Fleisch präsentiert sich noch ziemlich aktiv, jedoch der Wille hat sich dermaßen zurückentwickelt, dass sich Ihre Idee meines Erachtens nicht verwirklichen lässt.«

»Das verstehe ich beim besten Willen nicht.«

»Sehen Sie, bei Ihnen hat dieser Wandel auch bereits Einzug genommen. Was ich damit sagen wollte, meine Armee sowie ihre Anführer sind verhältnismäßig noch rüstig, aber was nützt dies, wenn der Geist sich am unteren Limit befindet? Viele von meinen Mitstreitern sind bereits an ihrem Horizont angelangt und verstehen immer weniger, wofür sie kämpfen. Die einzige Lösung, ein weiteres Debakel abzuwenden, wäre eine Verjüngung unserer Armee und ihrer Kommandeure. Aber dafür sehe ich schwarz, da unsere bunderepublikanischen Diktatoren das Renteneintrittsalter immer höher festlegen. Die einzige Möglichkeit, eine Verjüngung zu erreichen, wären Frührentner. Verstehe, wer es will, kaum ein Beamter bequemt sich, bis zur Regalaltersgrenze seinen Dienst zu vollziehen. Dafür wird er noch belohnt mit einem minimalen Pensionsabschlag, oder bei Anstellung eines Staatsunternehmens erhält dieser sogar noch eine sechsstellige Vergütung. Bei Rentenempfängern werden dagegen bis zu 14,4 Prozent zum Abzug gebracht und da überlegt sich ein Rentner mehr als zweimal, ob er damit seinem Lebensabend noch ein zufriedenstellendes Auskommen verschafft. Nicht zu vergessen, durch eine indirekte Steuererhöhung erfährt seine bescheidene Rente bei einer bestimmten Höhe von Einkommen auch noch eine Besteuerung. Steuern, Steuern, Steuern, versteckte Steuern, dreifache Versteuerung von Treibstoffen, Konsumsteuer, Erbschaftssteuer, obwohl dieses Kapital bereits x-mal versteuert wurde. Dazu kommen weitere 55 Steuerarten. Besonders die indirekten Verbrauchssteuern schmälern das Einkommen um weitere durchschnittliche 12 Prozent.«

»Stopp, stopp, Herr von Gurkenberg, das versteht ja keine Sau, obwohl dies intelligente Lebewesen sind.«

»Lieber Herr Thomas von Eresing, vergleichen Sie jetzt schon Menschen mit Schweinen? Nach meiner Kenntnis hat noch niemals ein Schwein eine Steuererklärung abgegeben, aber bitte behalten Sie das für sich, der Fiskus lauert auf jede Gelegenheit. Um nochmals auf die Rente zurückzukommen, ist Ihnen eigentlich bewusst, wie das Renteneintrittsalter in manchen EU-Staaten bewertet wird? Frankreich 60 Jahre, Tschechische Republik, Slowakei, Ungarn, Griechenland und Slowenien 62 Jahre, Österreich und Italien 62,5 Jahre, jedoch in der Regel beginnt in diesen Ländern bereits mit 60 oder sogar noch darunter der Ruhestand und darauf möchte ich besonders hinweisen, ohne Abschlag. Dazu fand ich ein passendes Gedicht von einem bundesdeutschen Politiker.

›Lasst uns froh und munter sein
und uns unserer Pensionen erfreun,
lustig, lustig, trallala,
für was sind denn die Bürger da?

Je früher in den Ruhestand
und dennoch volles Ruhegehalt,
listig, listig, bla, bla, bla,
das dumme Volk bezahlt das ja.

Sie sollen sich lange der Arbeit erfreuen
und sich später auf dem Friedhof erholen,
selig, selig, ha, ha, ha,
des Rentners Traum wird nicht wahr.‹

Ach, Entschuldigung, Thomas, Sie gehören ja ebenfalls zu diesen Pensionsempfängern, für die das Volk aufkommt. Sie als gebildeter Vorausdenker können mir mit Sicherheit erklären, wann der Staat unter der Last der Pensionsaufwendungen zusammenbricht.«

»Mein Leitsatz war stets: Willst du sorglos durch das Leben wandern, sei schlau und werde Staatsbeamter. Aber Spaß beiseite und zu Ihrer Frage, nach meinem Ermessen steht unser Staat bereits vor dem Ruin. Das wird mir jetzt niemand abnehmen, doch bei einer Verschuldung von 2,24 Billionen und einer täglichen Erhöhung der Staatsschuld von 134,44 Millionen ist der Bankrott vorprogrammiert. Natürlich, und das muss ich als Beamter eingestehen, tragen dazu die Staatsausgaben für Staatsbedienstete bei, die heute eine Rekordsumme von 225 Milliarden erreichen, und das Ende der Fahnenstange ist nicht erkennbar. Das große Rätselraten, wie diese Ausgabenflut eingedämmt werden könnte, wird bereits seit

Jahrzehnten betrieben und keine der vergangenen und jetzigen Regierungsparteien hat dafür eine Lösung, noch setzen sie dieses sorgenerregende Tabuthema auf die Tagesordnung. Da schließe ich den Freistaat nicht aus, dessen Staatshaushalt ebenfalls durch Personalausgaben und Pensionen überbelastet ist. Ein Wirtschaftsunternehmen, das sich so fahrlässig verhält, dessen Verantwortliche setzt man vor die Tür.«

»Also schlittern wir so weiter, bis eines Tages vielleicht ein Wunder geschieht oder die Finanzpresse eine weitere Drehung vollführt, um dem Bürger auch noch sein Erspartes herausauszuquetschen. Ach, lieber Thomas, ich sehe schwarz für Deutschland. Was mich so nervt, sind die ewigen Sprüche, dass wir in einem Staat leben, dessen Wirtschaft stetig wächst, die Einnahmen sprudeln, wir wären ein reiches Volk und leben im Luxus, Deutschland, das spendenfreundlichste Land, ohne die Flüchtlinge ständen wir vor dem Aussterben und sie bereichern unsere Kultur und unsere Alleinherrscherin versucht uns einzureden, wir wären sooo beliebt. Von wegen, außer bei Flüchtlingshilfsorganisationen haben wir unsere Beliebtheit voll und ganz verspielt. Die Auslandspresse fragt mit Schlagzeilen: ›Was ist nur mit Deutschland los?‹ – ‚Germany, where you steer toward?‹ Merkel vernichtet Deutschland! Über den Eurovision Song Contest kann jeder denken, was er will, doch ist er das allerbeste Meinungsumfragen-portal Europas. Habe Sie nicht verstanden, was sagten Sie? Ob ich Depressionen habe? Ja, natürlich, welchem normal denkenden Bürger geht denn diese Scheißsituation am Arsch vorbei? Meine Birne ist bereits so verwässert, da der Angstschweiß versucht mein Denken zu ersäufen. Mein Psychiater weiß ebenfalls keinen Rat mehr und hat die Behandlung abgebrochen. Seine Abschlussworte: ›Lassen Sie sich nicht mehr bei mir blicken, Ihr Nervenleiden ist ansteckend.‹ Und wirklich, bei meinem Neuen saß er ebenfalls im Wartezimmer. Das hat sich so verschlimmert, dass, wenn ich vor dem Zeitungskasten stehe und die fürchterlichen Schlagzeilen überfliege, Passanten mich fragen:

›Soll ich Ihnen die Münzen in den Automaten werfen? Sie zittern ja am ganzen Körper. Wohl Parkinson?‹ Nach langem Suchen entdeckte ich endlich einen fantastischen Psychiater, der sofort die Ursache erkannte. Beim ersten Wort, ich fing mit Merkel an, hob er die Hand, sagte: ›Bitte keine weiteren Erläuterungen, wandern Sie aus.‹ Neulich beim Einkaufen stand ich mit meinem Rollstuhl an der Baumarktkasse an, war gerade dabei, die Ware aufs Band zu legen, als mich ein kleiner Junge musterte und immer wieder zu meinen Einkäufen sah und seiner Mutter zurief: ›Schau, Mama, dea alte Opa is genau so krank wie da Papa war, der hot sicha a Stress mit unsara Regierung.‹ ›An was siehst du das?‹, fragte seine Mama. ›Is doch klar, für wos glaubst du denn, für wos dea den Strick braucht?‹«

»Oh, oh, lieber von Gurkenberg, das ist ja schrecklich, Sie sind ja reif für die Nervenklinik. Wenn Sie sich nicht bald einweisen lassen, sehe ich schwarz, dass sich Ihr Geisteszustand jemals wieder normalisiert.«

»Sie denken wohl, ich wäre bereits ganz verblödet, natürlich habe ich mich im Sanatorium angemeldet, jedoch das ist dermaßen von meinesgleichen überfüllt, dass ein Termin erst in zwei Jahren in Aussicht steht. Ich entschloss mich eine Eigenbehandlung durchzuführen, die ich in einem Buch von Freud entdeckte.«

»Lassen Sie diesen Quatsch, die psychiatrische Forschung hat sich im letzten Jahrhundert kolossal weiterentwickelt zum Wohle der Leidenden.«

»Zum Wohle der Leidenden, dass ich nicht lache. Außer Massenverabreichung antidepressiver Medikamente hat sich nichts geändert, durch die Einnahme treten so hohe Nebenwirkungen auf, die den Kranken zur Verzweiflung bringen. Dann schon lieber eine Eigenbehandlung ohne Pharmaka.«

»Und wie soll das funktionieren?«

»Ganz simpel und unkompliziert. Täglich zwei Stunden heiterer Klassikmusik mit geschlossenen Augen lauschen, Hände und Kopf bewegen sich im Takt der Melodie, die Schwingungen des Klangs lösen im Gehirn Ruhe und Muße aus und vertreiben lästige Gedanken. Wellness für das Denkgeschlinge und Labsal für die Seele.«

»Gurkenberg, da frage ich mich, weshalb Ärzte diese Anwendung nicht weiterempfehlen. Glauben Sie wirklich, dass die von dieser Methode keine Ahnung haben?«

»Da könnte ich jetzt schon wieder die Wand hochgehen, natürlich sind diese Gehirnputzer davon involviert. Aber wer würde denn dann diese Tonnen von Pharmaka fressen? Es existieren doch bereits beweiskräftige Untersuchungen. In Kuhställen wird dies seit Jahren praktiziert, die Tiere fühlen sich stressfrei, produzieren dadurch mehr Milch und wedeln mit ihren Schwänzen nach dem Takt der Musik.«

»Sie haben mich überzeugt, in meinem Alter werde ich zwar keine Steigerung der Milchproduktion mehr erleben, doch ausprobieren werde ich das auf alle Fälle, kostet ja nichts.«

Also dann sehen wir uns bei der Analysierung Ihres Vorschlags wieder, eventuell mit unserer Union die etablierten Parteien etwas wachzurütteln. Servus Thomas.«

Parteigründung ja oder nein

»Liebe Mitkämpfer, wie Ihnen bekannt ist, wird unser hochgeschätzter Thomas von Eresing uns heute seinen Entwurf zur Gründung einer Partei vorlegen, über den wir uns nachher in einer Diskussion auseinandersetzen. Das Wort hat Thomas von Eresing.«

»Stopp, stopp, Gurkenberg! Ich find des sehr unfair vom Thomas, dass dea mei Idee von dera Parteigründung klaut hat, schließlich hob i den Einfall ghabt und deswegen red i jetzt darüba.«

»Lieber Erwin, alles der Reihe nach, Sie haben später die Möglichkeit, Ihre Einwände geltend zu machen.«

»Ja, aber wenn dea Gedanke von mia is, nacha steht mia des Recht zua, als Ersta darüba zu reden.«

»Erwin der Niederbayer, wir wollen jetzt nicht darüber diskutieren, wen zuerst dieser Geistesblitz traf, wichtig ist, dass wir uns über ein Ergebnis einigen. Haben Sie denn mit Thomas über Ihren Einfall gesprochen?«

»I bin doch nicht bescheuert, des is ganz alloa mei Geheimnis, davon hab i niemand wos erzählt.«

»Ist schon gut, Erwin, dann heben Sie Ihr Geheimnis für später auf. Thomas, legen Sie los.«

»Liebe Führerschaft der Rollatoren-Armee, der heutige Tag könnte in die Geschichte der politischen bundesrepublikanischen Parteienlandschaft eingehen, sollten wir den Beschluss fassen, einer Gründung zuzustimmen. Nach gewagter Schätzung erreichen wir bereits im Wahljahr 2017 einen Stimmenanteil von 20 Prozent. Dies basiert auf keinem Umfrageergebnis, sondern alleine auf der Mitgliedschaft unserer 120 000 Mitstreiter, die wir als Wahlhelfer in Altersheimen, Pflegeanstalten sowie Sozialverbänden zum Einsatz bringen. Sollte es uns gelingen, 50 Prozent der Senioren von unserem Wahlprogramm sowie Aktivitäten zu überzeugen, würden wir zehn Millionen Wahlstimmen erzielen. Ich betone nochmals, dies ist eine gewagte Schätzung, die nach oben viel Spielraum aufweist. Selbstverständlich wenden wir uns auch an Bürger die sich noch vor dem Ruhestand befinden, und an die aus gesundheitlichen Gründen vorzeitig aus dem Berufsleben Ausgeschiedenen. Sicher quält Sie der Gedanke der Finanzierung einer solchen Operation, doch hier kann ich Sie völlig beruhigen, da die Hilfsbereitschaft unserer Mitkämpfer auf Freiwilligkeit basiert und Medien kostenlose Werbung für uns betreiben. Ein weiterer entscheidender Punkt bedarf der Namensnennung unserer Partei. Auch darüber überreiche ich Ihnen meinen Vorschlag, der folgendermaßen lautet: CSI –Christliche Senioren-Initiative. Um eine Verwechslungsgefahr mit der CSU auszuschließen, schlage ich vor, nur außerhalb Bayerns ins Feld zu ziehen. Ich bitte um Fürsprache und Kritik.«

»Thomas, du oida Schlawina, des hast du dir ja schön ausgmalt. Sicha hast du mit dem Seehofer bereits vorher darüba verhandlt, dass eam ja keine Stimmen verlorngehn. Von mia bekommst du keine Zustimmung, anders wär's, wenn mir in Bayern a auftretn würdn. Wia denkt ihr darüba?«

»In meiner Person als Amazonin dieses Vereins appelliere ich an Sie, Erwin der Niederbayer, sich mit Anschuldigungen zurückzuhalten, auch wenn es in Ihrer angeborenen deftigen Muttersprache so üblich ist. Der Überlegung von Thomas von Eresing, vorerst nicht im Freistaat Bayern anzutreten, stimme ich voll und ganz zu. Was heute noch nicht notwendig erscheint, kann in späteren Jahren erforderlich sein.«

»Liebe Gastritis Teerstuhl, ich danke für Ihre Ausführung, die sich mit meiner Ansicht deckt. Bitte um weitere Wortmeldungen.«

»Herr von Gurkenberg und Amazonin Teerstuhl, ich denke, Sie machen es sich mit Ihrer Zustimmung sehr leicht und vergessen dabei die AFD, die auch in Bayern von einer großen Wählerschaft Unterstützung erfährt. Stimmenverluste für die CSU sind vorprogrammiert. Bedenken Sie diese Situation, damit entstünde ein Manko bei einer etwaigen Fortsetzung der bisherigen Regierungskoalition.«

»In Ihrer Ausführung befindet sich ein Wiederspruch, Herr Oberst von Chron, zum einen klagen Sie über eventuelle Stimmenverluste durch die AFD, zum anderen praktizieren Sie eine Aufstellung der CSI in Bayern, die der CSU einen noch größeren Schaden zufügen würde. Wuchert in Ihrem durchtriebenen Gehirn bereits ein Plan einer Fusion mit der CSU?«

»Absoluter Quatsch, Herr von Gurkenberg! Ich, Stabsoffizier Irrwitz Demenz, stelle mich gehorsam hinter die Äußerung meines Berufskollegen Oberst Morbus von Chron, die einer absolut planmäßigen Attacke der Vorgehensweise eines militärischen Konzepts entspricht. Auch spreche ich mich gegen Ihre diktatorische Gepflogenheit aus, eine solche Befragung mit Zivilisten durchzuführen, die von Tuten und Blasen keine Ahnung haben. Dafür benötigt man stabsplanmäßige Ausbildung, die nur Militärangehörige aufweisen.«

»Und Sie, lieber Stabsoffizier Irrwitz Demenz, sind dafür besonders geeignet?«

»Jawoll, Herr von Gurkenberg, stehe Ihnen mit meiner fünfundsiebzigjährigen Berufserfahrung bei Fuß.«

»Oh, sehe ich das richtig, Sie nahmen bereits am Ersten Weltkrieg teil? Donnerwetter, demzufolge kennen Sie das Geheimnis des ewigen Lebens.«

»Schwachsinn, mein Urgroßvater diente, mein Großvater diente und mein Vater diente. In solchen vom Militär geprägten Familien bekommt man als Kind bereits Einsicht in den Ablauf der Maschinerie einer Armee, die nur mit einer vorausschauenden Planung erfolgreich agiert.«

»Sind Sie immer noch der Überzeugung, Sie wären der Richtige für unser Vorhaben? Ihnen ist schon bewusst, Kriege zu führen und Gründung einer Partei sind zwei verschiedene Stiefel.«

»Ach, lecken Sie mich doch, Sie, Sie, Sie kleinkarierter Zivilist.«

»Danke für das Angebot einer Geschmacksprobe, ich komme bei

Bedarf auf Sie zurück. Nach diesem Schlenker in den hinteren Bereich wende ich mich wieder unserem Vorhaben zu und bitte um weitere Wortmeldungen.«

»Gell, Frau Teerstuhl, da blockierts soga ihre Stimmbända, und mi danns ois derbm Menschn bezeichnen. Wahrscheinlich stehn Sie soga mit dem Bittgesuch vom Irrwitz Demenz in geistiga Verbindung.«

»Ach, Sie herumnörgelnder Niederbayer, da, wo ich herstamme, spricht man ein sauberes und gepflegtes Deutsch, das jeder Bürger landauf und landab versteht. Da wundert es mich nicht, dass die Kapazität Ihres Denkvermögens nur für Ihre dörfliche Zwerggemeinde ausreicht.«

»Schluss mit diesen gegenseitigen Beleidigungen, bringen Sie wertvollere Argumente zur Diskussion. Ja bitte, Oberst von Chron.«

»Noch eine kurze Bemerkung zu meinem geschätzten Kollegen Irrwitz Demenz. Lieber Irrwitz, ich bin von dir dermaßen fasziniert, obwohl ich doch sehr erstaunt bin, dass du mit deiner Intelligenz dem Zweiten Weltkrieg unbeschadet entkommen bist. Auch dein Fußmarsch nach Stalingrad findet Anerkennung, doch solltest du ehrlicherweise dazufügen, dass der Sparziergang von der acht Kilometer entfernten Stadt Nariman ausging.«

»Meine verehrten Kampfgefährten, nachdem nur noch niveaulose Einwürfe abgegeben werden, schreiten wir jetzt zur Abstimmung. Ich bitte Sie nach bestem Gewissen Ihr Urteil abzugeben. Wer ist für eine Parteigründung nach dem Konzept von Thomas von Eresing? Vier Handzeichen. Wer ist dagegen? Zwei Handzeichen. Damit steht einer Gründung nichts mehr im Wege und beschließe deshalb ein zügiges Voranschreiten und baldige Anmeldung beim Bundeswahlleiter. Nach Fertigstellung des Gründungsprotokolls und unserer Satzung wählen wir den Parteivorstand, Vertreter und die Delegierten. Die Ausarbeitung der Parteisatzung übergebe ich Thomas von Eresing, die Ausfertigung des Gründungsprotokolls erarbeitet Erwin der Niederbayer. Ich in meiner Person gehe auf die

Suche nach geeigneten Personen, die Fähigkeiten besitzen, in der Öffentlichkeit Rede und Antwort zu stehen und von uns den Auftrag erhalten, als gewählte Delegierte unsere Partei im Bundestag zu vertreten. Fragen?«

»Herr von Gurkenberg, ich spreche eine Bitte aus, Edmund den Blonden wieder ins Boot zu holen, um beim Erstellen der Parteisatzung behilflich zu sein. Seine Erfahrung und sein Scharfsinn werden uns auch in Zukunft einen großen Dienst erweisen.«

»Ich denke, nachdem ich ihn abservierte, fällt es schwer, ihn umzustimmen.«

»Machen Sie sich keine Sorgen darüber, der hat schon so vieles wegschlucken müssen und verdaute so manch harten Niederschlag. Ich wette, der steht bereits morgen mit Esprit und Leidenschaft auf der Matte.«

»Ja, so ganz koscha is des nicht, wos ihr da vorhabt. Bei der Parteisatzung konn i doch dem Thomas zur Seitn steh, dafüa braucha mia doch den Edmund nicht. Glaubts mia des, wenn dea merkt, dass mir ohne ihn nicht auskumma, nacha führt er sich gleich wieda ois Chef auf und dirigiert unsan Verein und Sie, Herr von Gurkenberg, spieln nua noch de zwoate Geing. Sie dürfn a nicht vergessn, bei dem herrscht in seim Obastübal a bereits Abenddämmarung.«

»Erwin, Erwin, Ihre Vorverurteilung grenzt schon beinahe an Angstneurose, geben Sie ihm doch diese Chance, seine beachtlichen Fähigkeiten wieder unter Beweis zu stellen. Ich war überrascht, ihn bei TV-Diskussionen zu erleben, wie er frisch und frei ohne a und äh präzise auf Fragen einging und flüssig beantwortete. Es hatte den Anschein, der dritte Frühling hielt bei ihm Einzug.«

»Wenn Sie glauben, dass des letzte Aufflackern von Edmund uns no wos bringt, nacha bin i a dafüa, aba dann möcht i auch als Delegierter aufgstellt werdn.«

»Ich werde mich persönlich für Sie einsetzen, aber letzten Endes entscheiden das unsere Parteimitglieder.«

»Hiermit schließe ich die Versammlung. Einladung zur ersten

Sitzung unserer CSI erfolgt nach Genehmigung durch den Wahlleiter.«

»Bitte verweilen Sie noch auf Ihren Sitzen, soeben erhielt ich eine frustrierende Nachricht von der Pressestelle der evangelischen Kirche, die einen flächendeckenden Islamunterricht an deutschen Schulen fordert. Nach Ansicht des Ratsvorsitzenden Bedford-Strohm soll der Unterricht von islamischen Verbänden organisiert werden. Was das für unser deutsches Schulwesen bedeutet, muss ich Ihnen nicht näher erklären. In der Tat wird in vielen Bundesländern bereits in Kleinversuchen dieser Unterricht durchgeführt, dagegen ist auch nichts einzuwenden, jedoch flächendeckend sind folgende Gefahren verborgen. Bedenken Sie, in unserem Land fehlen tausende von Deutschlehrern, wie bewerkstelligen dies die islamischen Verbände, ausgebildete Lehrerkräfte für ihren Unterricht flächendeckend in Schulen einzusetzen? Damit ist die nächste Katastrophe vorprogrammiert. Wer überwacht diese Islamlehrer? Wer kommt für ihre Kosten auf? Wie funktioniert der Unterricht? Was wird unterrichtet? Besteht die Gefahr einer Konvertierung christlicher Schüler? Eines der größten Probleme erkenne ich in der Auswahl von islamischen Lehrkräften, die von Islamisten mit jihadistischen Merkmalen unterwandert werden. Wer von den Behörden garantiert eine friedliche Lehre des Islamismus? Nicht einmal unsere größte Islambefürworterin würde dafür ihre Hand ins Feuer legen, aus Angst, plötzlich eine gegrillte Lammkeule vor Augen zu halten. Unter diesen Umständen plädiere ich zu einem kurzfristigen Protestmarsch zum Ratsvorsitzenden Bedford-Strohm, dessen marinierte Ansprachen dem gauckischen Prinzip Folge leisten. Glücklicherweise liegt sein Wohnsitz nur in 1000 Meter Entfernung im Münchner Stadtteilbezirk Maxvorstadt, so wird dies unser bisher kostengünstigster Einsatz.«

Protestmarsch zum Ratsvorsitzenden

»Landeskirchenamt einkesseln, Krückstöcke in Drohstellung, Thomas von Eresing überreicht Protestschreiben und bittet Landesbischof Bedford-Strohm herauszutreten.«

»Willkommen, meine lieben Brüder und Schwestern, der Segen Gottes möge euer Denken und Handeln erleuchten, eure Seelen mit Barmherzigkeit füllen und euren Verstand erneuern, der sich in geistiger Verwirrtheit befindet. Frohlocket mit unseren willkommenen Freunden aus fernen Ländern, öffnet eure Herzen und lasset die Liebe über jeden Andersgläubigen ergießen, damit sie sich hier geborgen fühlen. Verstreut eure Ängste, reicht ihnen die Hände, gebt denen ein Zeichen der Solidarität und ihr werdet von Hosianna rufenden Engeln begleitet. Wir, die erneuerte evangelisch-lutherische Kirchengemeinde, unterwerfen uns denjenigen, die mit ihren friedlichen Religionen unser geliebtes Land bereichern. Kommt, die ihr Zuflucht suchet, kommt, ihr Verfolgten, kommt, ihr Friedliebenden, kommt alle, die nach Versorgung flehen, ihr und nur ihr seid die Auserwählten, denen wir unser geliebtes deutsches Land als Eigentum übergeben.«

»Gurkenberg, do nimm des Megaphon und geh endlich dazwischn, i konn des luthrische Gesäusl nimma hörn. Dea glaubt des ja selba nicht, wos ea predigt. Dea macht imma noch auf demütig, obwohl seine Schäflein üba ihn scho lästern und statt Buhrufen imma noch untertänig klatschn.«

»Lieber Erwin, besser könnte ich das auch nicht formulieren, aber die römisch-katholische Kirche steht der lutherischen in nichts nach. In Köln zelebrierte der Erzbischof Woelki vor dem Dom am Fronleichnamstag auf einem zum Altar umgerüsteten Flüchtlingsboot die Heilige Messe. Da sehen Sie wieder, für was Kirchengelder verpulvert werden, anstatt den notleidenden Kirchengemeindemitgliedern unter die Arme zu greifen, finanziert die Diözese den

Transport des Schiffes von Malta bis Köln, unbegreiflich, diese Verschwendung. Also fassen wir unseren Protest unter Zuhilfenahme Ihres schallverstärkenden Instruments in Worte.«

»Sehr geehrter Herr Landesbischof Bedford-Strohm! Wir sind heute nicht vor Ihnen erschienen, um von Ihrer salbungsvollen Predigt eingeölt zu werden, unser Erscheinen richtet sich gezielt auf Ihr schrankenloses Verbreiten von humaner Werteauffassung, die in der momentanen Situation völlig fehl am Platze ist. Ich glaube, Ihnen ist die Auswirkung, die Lehre des Islams großflächig an allen Lehranstalten im Lande anzusiedeln, noch nicht bewusst geworden. Die Begründung erfahren Sie in meinem an Sie übergebenen Protestschreiben. Ihren Glaubensbrüdern und Schwestern fällt es ungeheuer schwer, in Ihren pastoralen Moralpredigten noch ein Quäntchen Realitätssinn zu erkennen. Besitzen Theologen in führenden Positionen denn kein seelsorgerisches Handeln mehr, müssen sie sich stets den Richtlinien des Staates anpassen? Somit erklären sie sich zu Handlangern und versuchen mit Psychologie den Gläubigen durch ihre Propaganda-Kanzelreden ihr eigenes Denken zu entziehen. In dieser Zeit der verwirrenden Informationsflut benötigen gläubige Christen keine sentimental geprägten Vorträge weltoffener Menschenliebe, sie brauchen seelsorgerischen Beistand, um ihre berechtigten Ängste ehrlich und kritisch auszusprechen. Ihre vielfachen Aufrufe, den Flüchtlingen Hilfe und Barmherzigkeit zu gewähren, schüren Unverständnis und lassen die Bürger angsterfüllt in die Zukunft blicken. In einer Großstadt wie in München sowie in allen deutschen Städten erleben die Menschen ein Aufeinandertreffen völlig anderer Kulturen, die sich mit Lautstärke, Gebärden und Selbstbewusstsein den Platz streitig machen, der für die Einheimischen bestimmt ist. Diesen gewaltigen Zustrom kann man mit bestem Willen nicht mit Willkommensgeschwafel begegnen, sondern mit ernsthaften Maßnahmen. Herr Landesbischof, entschuldigen Sie, dass ich das Folgende etwas prekär formuliere, aber nur so bringe ich Ihnen die Wahrheit näher. Sie bewohnen mit

Ihrer Familie ein wohlgehütetes Zuhause, das abgeschirmt und idyllisch in der Stadt an das Kloster St. Bonifaz anschließt. Eine Vielzahl der Münchner Bürger ängstigt sich, von Vermietern auf die Straße gesetzt zu werden, da die Mietkosten ihr Einkommen übersteigen. Einem Ausweg in preiswerteren Wohnraum wird ein Riegel in Form von Asylsuchenden vorgesetzt, denen dies von der Stadt gewährt wird. Und Sie predigen unaufhörlich keinen Hass, sondern Liebe diesen Hilfesuchenden zuteilwerden zu lassen. Versenden Sie endlich einen Rundbrief an die Kirchen und fordern Sie die Pastoren darin auf, Seelsorge und Beistand den einheimischen bedürftigen Menschen anzubieten. Besuchen Sie diese armen alleingelassenen Menschen, die sich dieser Willkür nicht entziehen können, jedoch, und daran glaube ich fest, wird es Sie trotzdem nicht hindern, weiterhin an Solidarität und Verständnis für Flüchtlinge zu appellieren. Bedenken Sie, ausgesprochene Gebete und wunderschön formulierte Fürbitten tragen keinesfalls dazu bei, diese Ärmsten dem Chaos zu entziehen, ergreifen Sie jetzt die Initiative.«

»Lieber von Gurkenberg, in Ihrer Person als kritischer und gläubiger Christ bekundeten Sie in Ihrer bemerkenswerten Ansprache die Sorgen der heimischen Bevölkerung. Auch ein Landesbischof entzieht sich dieser Verantwortung nicht, diesen in unserer Gesellschaft Isolierten karitativen Beistand zu gewähren. Nein, wir haben sie nicht vergessen, das müssen Sie mir glauben, auch wenn wir in der Öffentlichkeit stets zur Mithilfe für die aus ihrer Heimat Geflüchteten aufrufen. Gott allein kennt den Ausweg, diesem Labyrinth von verwirrenden Gegebenheiten zu entgehen, er und nur er spendet uns Menschenkindern den Heiligen Geist, damit wir die göttliche Eingebung erlangen, diese gegenwärtige Bedrängnis heil zu überstehen. So lasset uns ein Gebet sprechen, damit unser Denken vom Schöpfergeist erneuert und bereichert wird.«

»Wartns noch a bissal, Herr Landesbischof, und lassns mi auch no was sagen. Betns doch allein und nur füa sie und Ihre evangelische Kircha, mia sind scho vom Heiligen Geist erfüllt, drum sind mia ja da und darum protestiern mia a vor Ihrem Palast, dass endlich zur Einsicht kumma. Hams mi vastandn, wie i des gmeint hob, Herr Ratsvoasitzenda? Aber denkens nicht zu viel darüba nach, mia Katholiken sind genauso unzfriedn mit unsaren Kirchnfürstn, de macha de gleichn Kardinsalsfehla wia de Lutharischn. Gurkenberg, bist dabei, wenn ma anschließnd noch an Marx aufsuacha? Der hot auch a saubare Gardinenpredigt verdient.«

Verzicht auf Übersetzung in Deutsch, auch für Nichtbayern verständlich vorgetragen.

»Erwin, gib doch Herrn Landesbischof noch Gelegenheit, auf deine Frage einzugehen.«

»Mein lieber Erwin, wir beide sind schon zwei richtige Urviecher, du mit deinen ausgeprägten niederbayerischen gestrafften Vokabeln und ich mit meinem Allgäuer Dickschädel. Als ich dir zum ersten Mal bei einer Wahlveranstaltung in Memmingen begegnete, damals war ich so um die 12 Jahre, ich stand direkt mit meinem Rad vor dem Podium, als du mit deiner Rede begannst. Herrlich, wie du mit deiner charmanten Art die Menschen fasziniertest und nach jeder kurzen Pause mir ein Augenzwinkern zuwarfst.«

»Wos, du warst des damals? Do konn i mi imma no erinnern, wie du mia öfters de Zunga rausgsteckt host. Des hat dir sicha dei Papa, der a evangelischa Dekan war, angschafft, dass i ausm Rhythmus kumm, der hat den Strauß und de CSU go net leidn kenna. Da wirst du mia als Landesbischof glei wieda sympathisch. Du Lausbua!«

Übersetzung unmöglich, würde den Sinn des Gesprochenen verändern.

»Bitte tauscht eure Erinnerungen woanders aus, wir sind hier, um unseren Unmut über Sie, Herr Landesbischof, vorzubringen und nicht um Schwätzchen zu halten. Ich bitte nun um eine Stellungsname für Ihre kommenden Verkündigungen.«

»Sachte, sachte, Herr von Gurkenberg, ich lasse mir doch von Ihnen nicht meine Predigten oder Ansprachen diktieren. Ich stehe weiterhin felsenfest hinter meiner Gesinnung, Flüchtlinge und Asylsuchende mit Worten und Taten zu unterstützen. Das ist für uns Christen Gebot und Pflicht, diesen Ärmsten der Armen ein neues Zuhause anzubieten, und jedem unserer Mitbürger fällt die Aufgabe zu mitzuhelfen, dass sie sich bei uns wohl und geborgen fühlen.«

»Na gut, so darf ich Ihnen ein gutes Gelingen aussprechen, aber wundern Sie sich nicht, wenn in ein paar Jahren anstatt Kirchentürme Minarette die Landschaften verschönern. Zum Schluss erlaube ich mir, Ihnen noch zuzurufen: Vater, vergib ihnen, denn sie wissen nicht, was sie tun.

Krückstocktruppe abtreten! Heimmarsch!«

»Du, Gurkenberg, wos is jetzt, bsuach ma no unsan Kardinal?«

»Nein, Erwin, der predigt heute in Leipzig beim Katholischen Kirchentag dieselbe Leier runter wie der Landesbischof. Du musst dir eines bewusst werden, wenn Führungskräfte einmal die Weichen in eine Richtung gestellt haben, behalten sie diese bis zum Eintreten der Katastrophe bei. Thomas von Eresing und Erwin der Niederbayer ziehen wir ab, es ist sinnlos, mit vom deutschen Fiskus Abhängigen über die nackte Wirklichkeit zu diskutieren. Es ist der reinste Horror, da werden Christen abgeschlachtet und unsere Kirchenhäupter verschließen davor die Augen. Darüber wurde noch nie eine Anklagepredigt gehalten, keine Hirtenbriefe verlesen, keine Meldungen in kirchlichen Presseerklärungen veröffentlicht, keine Vorwürfe gegen muslimische Staaten erhoben, stattdessen breiten unsere Herren der Kirche die Arme aus und drücken diese Andersgläubigen an ihre Brust. Wann begreifen diese theologischen Einäugigen, dass es bereits eine halbe Stunde nach zwölf ist?«

»Lieber von Gurkenberg, darf ich Sie etwas aufmuntern? In vielen

Kirchengemeinden Bayerns entwickelt sich bereits eine Opposition gegen die hohe Geistlichkeit. Mahnbriefe und Protestschreiben sind bereits in Händen der Obrigkeit und es wird nicht mehr lange dauern, da eine geistige und christliche Kehrtwende erfolgt. Auch mir geht diese Kapitulation unserer Christenhoheiten auf den … auf die Nerven, die sind so verblendet von Weihrauch und Schönrederei, dass sie völlig betäubt in den Abgrund taumeln. Wir, die Gläubigen der unteren Kirche, sind nun gefordert diesem Spuck ein Ende zu setzen.«

»Du, Thomas, des hob i in meina Pfarrei a scho festgstellt, do gibt's keine Fürbittn mehr, in denen die Flüchtlinge vorkumma. Unsa Pfarra hat sogar den Hirtnbrief vom Kardinal zu Pfingstn nicht vorglesn. Hintnrum hob i erfahrn, dass do nur so von Hilfeaufrufn gwimmlt hat. Wenn des mit dene Proteste so weitageht, nacha müssn sich de do oben aba scho sehr warm anziehn.«

Sehr deutliche Aussprache von Erwin, auch für Nordfriesen verständlich.

»Schade, dass die Landbevölkerung mehr Weitblick aufweist als viele der Stadtmenschen und Kirchengemeinden, obwohl sie wesentlich mehr davon betroffen sind. Ich würde all denen, die jetzt noch keine Einsicht in die bevorstehende Veränderung Deutschlands und Europas zeigen, das Buch des algerischen Schriftstellers Boualem Sansal mit dem Titel ›2084. Das Ende der Welt‹ in die Hände drücken. Er setzt sich darin besonders mit der gegenwärtigen Einwanderungspolitik der Bundesrepublik und deren Folgen auseinander. In selbstmörderischer Absicht riskiert Deutschland den Untergang seiner Kulturen, Auslöschung des christlichen Glaubens, Veränderung der Werteauffassung, Isolierung von Staaten. Den Hauptgrund sieht Sansal in der Kriegsvergangenheit Deutschlands, aus der sich eine extrem tolerante Gesellschaft entwickelte und jederlei Nationalstolz unterbunden wurde.«

»Außa in Bayan, mia ham ollaweil unsre blau-weiße Fahna hochgehalten und mit volla Inbrunst unsare Hymne gsunga. Gott mit dia, du Land der Bayan, deutsche Erde Vataland, üba deinen weiten Gauen ruhe seine Segenshand. Er behüte ...«

»Ist schon gut, Erwin, ich stimme dir ja zu, dass hier noch vieles anders abläuft als in den übrigen Bundesländern. Bei uns wird Heimatliebe dem Nationalstolz gleichgesetzt. Inzwischen ist dieses Wort von oberster Stelle gelöscht und in Vaterlandsliebe verwandelt worden. Also darf man als Deutscher keinen Stolz auf seine Heimat haben, ansonsten läuft man Gefahr, als Nazi angeprangert zu werden. Thomas, begreifen Sie diese Abnormität?«

»Ja und nein. Franzosen und Engländer, US-Bürger, ja sogar Russen zeigen ihren ausgeprägten Nationalstolz mit Freude. Den deutschen Bürgern hängt immer noch der Nationalismus nach, was jedoch nach 61 Jahren und zwei Generationen danach keineswegs mehr Gültigkeit hat und sich nur noch in den Köpfen der Gerichtsbarkeit aufhält. Man muss die Gräueltaten des Naziregimes auf das Schärfste verurteilen, doch es ist endlich wieder Zeit, seinen Stolz für die Nation offen zu leben. Aber ich befürchte, dass es niemals mehr zu diesem Selbstbewusstsein der Bürger kommen wird, dafür haben wir uns viel zu lange demütigen lassen.«

»Du, Thomas, des hätt i nicht bessa song kenna, du bist einfach da bessere Redner von uns zwoa. Und wie du des toll formuliert host, grandios. Aba vor lauter Moslems ham mir de Judn vergessn, de sind doch scho in Aufbruchsstimmung und möchtn nur schnell fort nach Israel oder in de Staatn. Do redet von unseren siebengscheitn Politika keina, dass de am meistn darunta leidn. Scho desweng müssen mia schaun, dass unsare Partei auf dem schnellstn Weg de Erlaubnis kriegt, dass ma endlich losschlong können. Des war ja noch schöna, des Gsindl darf zu uns und de jüdische Bevölkerung packt vor lauta Angst de Koffa. Dieses Thema muass sofort auf den Tisch und a in unsare Satzung. Thomas, wie laft des mit unsam blondn Edmund, macht er wieda mit oda spielt er die beleidigte Zwieblwurscht?«

Übersetzung ins Deutsche entfällt, Erwin bemühte sich in dialektfreiem Hochdeutsch zu sprechen.

»Zur Freude aller konnte ich ihn überreden sein Potenzial dem Wohle unserer Partei zur Verfügung zu stellen. Auch kann ich euch mittteilen, er arbeitet bereits an der Fassung und wird sie uns bei der nächsten Sitzung vorlegen. Ihnen, Herr von Gurkenberg, soll ich herzliche Grüße überbringen und er bemerkte noch, dass sein Rauswurf berechtigt war, und bedauert sein Verhalten auf der Fahrt nach Karlsruhe. Über deine Bemerkung, Erwin, über die jüdische Bevölkerung in der Bundesrepublik möchte ich noch Folgendes ergänzen. Es grenzt an Antisemitismus, unser Vaterland mit dieser Masse von Judenhassern zu bevölkern, die Tragweite ist unseren politischen Kleingehirnen nicht bewusst. Es ist doch sonnenklar, was in den nächsten Jahren auf uns zukommt. Wir sind doch bereits jetzt mit Gewalttaten durch osteuropäische Gangsterbanden dermaßen konfrontiert, dass die Justizvollzugsanstalten aus allen Nähten platzen. Ich kann es nicht mehr nachvollziehen, was in den Köpfen vieler sogenannter großmütiger Mitbürger vor sich geht, die vor lauter Barmherzigkeit die Gefahr übersehen, in was für einer Zerreißprobe sich unser Land jetzt bereits befindet. Die Warnung kommt nicht nur von deutschen Bürgern und Gelehrten, hochgestellte Persönlichkeiten aus moslemischen Ländern mahnen unsere Regierung, der Übervölkerung durch arabische Flüchtlinge den Kampf anzusagen. Ich zitiere den Islamkenner Bassam Tibi, einen aus dem Irak stammender Politikwissenschaftler, der in Frankfurt Ökonomie studierte. Tibi befürchtet große Konflikte wegen der vielen syrischen Flüchtlinge, da sie arm sind und falsche Vorstellungen vom Leben in Deutschland haben. Er spricht auch über die Euphorie mancher Deutscher, für die es überhaupt keinen Grund gäbe. Auch kritisiert er das Vorgehen unserer Polizei, die zu freundlich gegen moslemische Gesetzesbrecher vorgeht und sich dadurch zu Witzfiguren in Uniform machen. Dies geschah auf Anodnung ihrer Vorgesetzten, Milde gegen Straffällige walten zu lassen. Wer das versteht, der hat von Recht und Ordnung keine Ahnung. Herrschaften, ich denke, es wurde alles angesprochen. Während der Vorbereitungsphase zur Parteigründung verzichten wir auf Einsätze der Rollatoren-Armee, stattdessen erarbeiten und planen wir unser Konzept für eine erfolgreiche Parteigründung.«

1. CSI-Bundesparteitag

»Ein herzliches Grüß Gott allen Besuchern unseres 1. CSI-Bundesparteitags, besonders begrüße ich die Vorsitzenden und deren Vertreter, Delegierten, Landesvorstände, Bezirksvorstände, Ortsgruppenvorstände und Mitglieder. Meine Freunde, es ist geschafft, ab heute wird die bundesdeutsche Parteienlandschaft neu durchgemischt. Wie Sie bereits durch unzählige Medienberichte in Erfahrung brachten, geht durch die etablierten Parteien Angst und Zittern, das wir durch einen massiven Werbefeldzug zum Grauen ausweiten möchten. Dies ermöglichte unsere 150 000 köpfige Rollatoren-Armee, die in kürzester Zeit bereits über 700 000 Mitglieder warb. Das verdient doch einen Applaus, oder? Unser Ziel ist keineswegs, zur stärksten Partei im Bundestag zu werden, nein, wir bezwecken durch unser Handeln, jahrzehntelangen Verkrustungen und Schlafsaalpolitik ein Ende zu bereiten. Kein Minister, kein Abgeordneter kann sich seines Amtes und seiner Pension sicher sein, ab heute sind wieder Leistung und Liebe zur Nation angesagt. Um das in den Gehirnen der Parlamentarier zu verewigen, fordern wir Parlamentssitzungen mit der Nationalhymne zu eröffnen. Wie Sie aus meiner Ansprache zu den Personen des Bundestags bemerkten, verzichte ich auf die zeitraubenden Zusatzbemerkungen in oder -innen für weibliche Politiker. So darf ich nun unsere Parteispitzen vorstellen. Vorsitzender Thomas von Eresing, Stellvertreter Edmund der Blonde. Parteipräsidium Erasmus Egwin Eriwan von Gurkenberg, Vertreter Erwin der Niederbayer. Meine Damen und Herren, wie Sie sehen, besteht unsere Parteispitze aus einem straff vollzogenen Gremium, dessen Kosten dadurch gering gehalten werden. Für Finanzen ist unser Präsidiumsvertreter Herr Erwin der Niederbayer mit zuständig. Ich erteile Ihnen das Wort, Moment, es ist wohl jetzt die beste Gelegenheit, uns mit Du anzusprechen. Lieber Erwin, schreite ans Podium!«

»Danke, danke, reicht scho, setzts eich wieda hi. Des hat mi aba gfreit, dass i imma noch bei eich so beliebt bin. Des gibt mir Kraft, mei Amt als Verantwortlicha für Finanzn im Sinne dea Partei auszuüben, und des werd i mit bestem Wissn und Gewissn a macha. Dank der vielen Mitglieda erreichte unsa Bargeldguthaben eine Summe von üba zwei Millionen Eiro. Unsa humana Mitgliedsbeitrag von nua drei Eiro bleibt auch weitahin bestehn. Natürlich sind mia wia jede andare Partei a auf Spendn angwiesn, je größa, desto bessa, drum lass i jetzt a Schachtl rumgehn, do könnts eicha übrigs Geid neischmeißn und das, wos zammkummt, stell i mi am Schluss unsara Sitzung am Ausgang hi, damits kein Geid mehr mit heimnehmen müssts. Für unsare Vorsitznden und Delegiertn brauchat man no a paar Sekretärinnen auf kostenloser Basis. Computakenntnisse und a saubare Schrift is natürlich für so an Job Voraussetzung. Vielleicht san a etliche betagte Weib..., Frauen anwesend, die scho amal bei einem Politika oda bei einem hohen Staatsbeamtn gearbeitet ham. Um nicht auf die Idee zu kumma, eure Rentn damit aufzubessan, sag i gleich, wias is, auch des basiert auf Freiwilligkeit. Auch brauch ma noch Männa, die auf die Werbetaferln unsere Wahlplakate anbringa. I lass jetzt a Listn durchgeh, do könnts eich eitrong, wer wos macha möcht. Hey, Gurkenberg, es wird Zeit, dass mia unsare Nationalhymne singa, oda schmettern mia de bayrische?«

Kurzübersetzung einiger unverständlicher derber Ausdrücke

Schachtl – Karton, eicha – euer, neischmeißn – hineinwerfen, zammkummt – zusammenkommt, Werbetaferln – Werbetafeln, eitrong – eintragen

»Was sollen die Besucher mit der bayerischen anfangen, die sind doch größtenteils aus den nördlichen Bundesländern, wenn der Parteitag zu Ende ist, verabschieden wir unsere Gäste mit der deutschen. Liebe Parteimitglieder, das Wort hat Edmund der Blonde. Sein Vortrag beinhaltet unsere zukünftige Politik sowie die Rückkehr zu Recht und Ordnung.«

»Meine sehr verehrten Anwesenden, liebe Parteifreunde, Sie sind hierher in die Olympiahalle gekommen, um unsere politische Ausrichtung in Erfahrung zu bringen. Nach jahrelanger Kniefall-Politik bricht ab heute ein neues Zeitalter in unserem geliebten Vaterland an. Vorbei ist die Demutshaltung gegenüber unredlichen Nationen, vorüber die Unentschlossenheit in diplomatischen Angelegenheiten, von gestern die unsäglich erlahmenden Handlungen unserer Bundesregierung, hinweg das Dulden von ungezügelter Zuwanderung. Meine sehr verehrten Damen und Herren, was sich die Bundesregierung in den vergangenen Jahren an diplomatischen und innerdeutschen Fehlern leistete, ist einer demokratischen Gesellschaft unwürdig. Besonders in Krisenzeiten erwarten die Bürger eine verlässliche Politik, die ihnen Vertrauen und Sicherheit gewährt. Es ist mir unverständlich, wie sich die gesamte Regierungsmannschaft hinter eine Person stellt, sie bis zur Schmerzgrenze stützt, dass sie ja nicht ins Wanken gerät, obwohl allen bewusst war, dass dieser Weg der falsche ist. Nein, das ist kein demokratisches Handeln, dies ähnelt einem diktatorischen Regime. Meine sehr verehrten Damen und Herren, Angst und Schrecken geistern durch Deutschland, Bürger sind verunsichert, versuchen sich gegen diese Bevormundung aufzulehnen und werden von ungesetzlichen Methoden daran gehindert, ihre Meinung vorzubringen. Sofort werden aufmüpfige Bürger in die Schublade Nazi verfrachtet, obwohl sie doch nur ihren berechtigten Unmut aussprechen. Hier erkennt doch auch der unpolitische Bürger, dass Kritik nicht mehr geduldet wird. Leben wir denn nicht mehr in einem demokratischen Land, in dem freie Meinungsäußerung oberstes Gebot ist? Befinden wir uns in einer Zone des Schweigens und der Gleichgültigkeit? Wo sind die starken Staatsmänner, die in so einer Situation auf den Tisch schlagen und dem Volke offen und ehrlich Rede und Antwort stehen? Meine sehr verehrten Damen und Herren, ich höre täglich von unkundigen Personen, mit unserem ungeheuerlichen Reichtum könnten wir die gesamte Welt mit versorgen. Wenn ein Land eine Schuldenlast aufweist, um für diese Deckung sieben Jahreshaushaltseinnahmen zu benötigen, spricht jeder Jurist von verschleppter Insolvenz. Und da wird in die Welt hinausposaunt, Deutschland sei ein Land mit unerschöpflichen Reserven. Das Gegenteil ist der Fall, seit Jahren werden wir von den mächtigen Wirtschaftsstaaten Stück für Stück abgehängt und wir werfen nur so mit Euros umher, um uns noch tiefer ins Schlamassel zu graben. Da wird diskutiert, gestritten und palavert, anstatt endlich die Reißleine zu ziehen. Ich kann dieses primitive Geschnatter in den Diskussionsrunden nicht mehr anhören, in denen sich Politiker und Wissenschaftler mit vorgefertigten Worthülsen beschießen. Es herrscht geistiger Stillstand in unserem Lande. Wenn wir Bürger uns weiterhin dieser Politik der gegenwärtigen Regierungskoalition unterwerfen, nähern wir uns immer mehr der Konstellation eines sozialistischen Staates, dessen Praktiken stets Anlass zu Missbilligungen gaben. Was wurde gegen deren Familienpolitik gewettert und kritisiert. Und was geschieht heute in unserem demokratischen Deutschland? Kinder werden bereits im Babyalter in Kinderkrippen befördert, Kleinkinder in Kindergärten verfrachtet, um den Eltern die Möglichkeit zu geben, einen Beruf auszuüben, um die Miete ihrer Wohnungen zu erwirtschaften und am kostspieligen Leben teilzunehmen. Verhältnisse wie in der ehemaligen Deutschen Demokratischen Republik. Die Erziehung übernehmen der Staat, die kirchlichen Institutionen und Privatkindergärten. Dabei wäre es für die Kleinen wesentlich hilfreicher, den Eltern, die ihre Kinder ausschließlich zuhause erziehen, ein Erziehungsgeld von mindestens 500 Euro pro Kind zukommen zu lassen. Ich weiß, Sie denken jetzt sofort an kinderreiche Einwanderungsfamilien, die durch diese Maßnahme in den Genuss von etlichen tausend Euros kommen würden, aber hier erwähne ich extra, dass dies nur für in Deutschland geborene Kinder deutscher Eltern zutreffen wird. Damit erhoffe ich, nein, da bin ich mir sicher, wird auch in der Bundesrepublik die Geburtenrate wieder nach oben gehen. Deutsche Familien, besonders Alleinerziehende, befinden sich augenblicklich in einer schwierigen und ungerechten Situation. Die staatlichen Zuwendungen an Asylbewerber und Migranten mit Familien liegen deutlich höher als im Vergleich zu deutschen Familien, die für Wohnungskosten, Steuern und Lebensunterhalt wesentlich mehr aufwenden müssen. Sie sehen, meine sehr verehrten Damen und Herren, unsere neugegründete Partei grenzt sich durch ihr Programm wesentlich von den Etablierten ab. Wir sehen unsere Bevölkerung nicht nur als Steuerzahler und kopfnickende Gesellschaft, nein, wir bauen auf Bürger, die wieder Freude und Stolz auf ihre Leistungen und das Land haben und die endlich ihr Demutsdenken der Vergangenheit aufgeben. Meine sehr verehrten Damen und Herren, liebe Parteifreunde, sicherlich warten Sie noch auf meine Ausführungen, die unsere Haltung zur EU betrifft Sie werden mir zustimmen, ein solches Gemeinschaftsbauwerk, von kurzsichtigen kunterbunten Architekten erschaffen, sieht auf einer Planskizze sehr faszinierend aus, aber die Bauherrn bedachten nicht die verschiedenen Sitten und Gebräuche sowie wirtschaftliche Schwächen und kulturelle Gepflogenheiten, die sie aus ihrer Planung einfach wegradierten. Nach diesem holprigen Probelauf der EU-Gemeinschaft plädiere ich dennoch für ein freies grenzenloses Europa, jedoch ohne jegliche Ausweitung in östlicher Richtung. Auch fordere ich die Abschaffung des EU-Parlaments, das als aufgeblähtes Europaparlament außer immensen Kosten nur Ungereimtheiten produziert. Jeder europäische Staat trägt alleine dazu bei, seine Finanzen und Wirtschaftlichkeit im Griff zu halten. Dann wird es keine Milliardengeschenke mehr geben, die bankrotte Länder noch mehr zum Nichtstun verleiten. Auch fordere ich, die weiter bestehende EZB alle zwei Jahre mit einem neuen Präsidium zu besetzen. Es kann nicht angehen, dass ein Herr Draghi acht Jahre dieses Amt innehat und mit seiner südländischen Lockerheit europäische Staaten mitsamt ihren Bürgern in ein wirtschaftliches Fiasko stürzt. Meine sehr verehrten Damen und Herren, zum Abschluss meiner Rede möchte ich noch ein Kurzgedicht aufsagen, das 1954 ein angesehener deutscher Schriftsteller zu Papier brachte.

›Große Staaten, kleine Völker, jedes soll sein Eigen sein,
lasst sie walten und gestalten, Große mischet euch nicht ein.
Menschen, die in ihnen leben, frei und ohne Diktatur,
jedes Land soll hegen seine eigene Kultur.

Schwach sind jene Staaten, die ihr Volk als Sklaven halten,
Meinungsfreiheit nicht gestatten und des Bürgers Geist verwalten.
Doch die Stunde der Befreiung lässt nicht lange auf sich warten,
es genügt ein kleines Fünkchen und das Volk bricht auf die
Schranken.

Freiheit stärkt die Lieb zum eigenen Vaterland,
wer dies als nationalistisch sieht, dem fehlt es an Verstand.
Bürger, die in Freiheit leben, sind für Ordnung und für Recht,
Gäste, die zu ihnen strömen, erzielen niemals Sonderrecht.‹«

»Bravo, Edmund, des war a pfundige Red. Einfach a blitzsaubara Vortrag und de Leit hörn gar nimma auf zum jubln. Aba moanst nicht, dass du do a wenig zu viel vasprochn hast?«

»Wieso zu viel? Das war ja nur die Hälfte unseres Parteiprogramms, bei allen vorgetragenen Punkten würden die da unten denken, ich wäre der Messias, und das Ende vom Lied ist dir wohlbekannt.«

»Mein lieber Parteifreund Edmund, ich in meiner Eigenschaft als Präsident danke dir für deinen überragenden Vortrag, der in Windeseile von sämtlichen nationalen und internationalen Medien verbreitet wird. Ich sehe bereits die Schlagzeilen, aber auch die Benommenheit in den Bundesparteien, die in Kürze ein wahres Bombardement über uns verstreuen werden. Hast du beobachtet, wie dich sonst so kühl agierende ausländische Pressevertreter mit Beifall überschütteten? Die erste Facebook-Meldung erreichte mich aus England. Fantastisches Parteiprogramm der neu gegründeten CSI, Germany erwacht aus Dornröschenschlaf. Weitere Nachrichten überstürzen sich. Meine lieben Mitstreiter, ihr durftet heute eine neue Epoche in der bundesrepublikanischen Parteienlandschaft miterleben. Unserem lieben Freund und Parteivorsitzenden Thomas von Eresing, dem Vater des Gedankens, diese Partei ins Leben zu rufen, gebührt großer Dank und Beifall. Seine Rührung über den großen Zuspruch aus allen Teilen unseres Landes ist noch nicht abgeklungen und doch möchte er Worte des Dankes an euch richten. Thomas, ergreife das Wort!«

»Liebe Freunde, liebe Parteigemeinde, mit kraftvollem Idealismus starteten wir in ein neues Zeitalter, um unsere Gedanken zu verwirklichen und den Bürgern unseres geliebten Vaterlandes wieder zu Recht und Ordnung zu verhelfen. Sämtliche Ministerien wollen wir mit neuem Geist erfüllen und in Bürgerfreundliche Wirkungsstätten verändern. Unser Schlagwort heißt Gerechtigkeit und nicht wie in den zurückliegenden Jahren geduldete und angewandte Willkür des Rechtsstaates. Natürlich bedarf es Zeit und Geduld, Verkrustungen in unserem aufgeblähten Beamtenstaat aufzubrechen und zu entfernen. Staatsdiener sind keine Diener des Staates, sondern eine Dienerschaft für das Volk, das den Staat mit seinen Steuergeldern am Leben erhält. Ich vermute, dass sich hier im Saal auch Staatsbeamte befinden, denen rufe ich zu: Beginnt sofort mit dem Umdenken, überzeugt eure Kollegen und Kolleginnen von unserer Idee und schlüpft aus dem behüteten Schema der Beamtenhaftigkeit heraus und seid dem Volke untertan. Liebe Freunde, seid eifrig im Verkünden und überzeugt die noch ungläubigen politisch Andersdenkenden. Drückt ihnen die Heilsbotschaft unseres Parteiprogramms in die Hände, damit auch die verdorbenen Kreaturen die Erleuchtung finden. Preiset unaufhörlich unsere Christliche Senioren-Initiative. Ein dreifaches Hoch auf unsere CSI, auf das Präsidium und auf euch, ihr wackeren Helden. Gehet in friedlicher Absicht und seid frohen Mutes.«

»Schauts de an, de wolln gar nimma hoamgeh, so guat gfoits dene bei uns. Und wia de diskutiern, do konn nix mehr schiefgehen, do hama scho gwunna. Und jetzt unsare Hymne! Du, Gurkenberg, hast du für den 1. Juni scho was vor? Wie wär's, wenn ma nach Berlin zum Bundestag marschian dan?«

»Siehst du, Erwin, das wäre auch mein Wunsch gewesen, habe mich jedoch nicht gewagt nach dem Parteitag euch schon wieder zu belästigen.«

»I bin glei dabei und i denk, de andan macha a mit. Wos glaubt ihr, wos da vorm Bundestag los is, do kumma bestimmt de Erdogan-Jünga zamma und protestian gega des Vorhabm vom Bundestag, den Völkamord vom damaligen Osmanischn Reich an dene armenischn Christn zu legalisian. Warum de Fraktionen des grad jetzt durchführn, is mir auch a Rätsl, aba irgendwann müssns des ja macha, do derf ma koa Rücksicht auf den osmanischn Sultan nehma. Des wär a pfundige Gelegenheit, für unsare Partei Werbung zu macha mit Transparentn und allem, wos dazugehört, Deitschlandfahna, Trillapfeifn und Spruchbända, auf dene gschriebm steht:

›Wahrheit kann man nicht verbiegen,
Türken sich stets selbst belügen,
was geschehen, ist bewiesen,
gebt doch endlich einmal Frieden.‹«

»Deinen Vorschlag finde ich gut, sogar sehr gut, nur anstatt Türken wäre meiner Meinung nach ›manche‹ vorzuziehen, wir wollen doch keinen Tumult auslösen. Wie stehst du dazu, Edmund?«

»Hm, die Gefahr besteht jedenfalls, eine Konfrontation zu provozieren, die zu Ausschreitungen führen könnte, und doch stimme ich Erwins Konzept zu. Es ist unsere Pflicht, klare Aussagen zu treffen, das sind wir der Partei und dem Image unserer Rollatoren-Armee schuldig. Erasmus, du kannst dir sicher sein, die Transparente der türkischen Protestler tragen mit Bestimmtheit hetzerische Parolen. Mit welcher Truppenstärke willst du in Berlin antreten?«

»Meines Erachtens kommt nur die motorisierte Rollstuhl-Division in Frage, die sich als starkes Bollwerk gegen anstürmende Erdogan-Legionäre bewähren sollte. Im Hinterhalt platzieren wir die Krückstocktruppe, die wartet bereits fieberhaft ihre Schlagkraft unter Beweis zu stellen. Thomas, du benachrichtigst die zum Einsatz kommenden, Erwin fertigt die Transparente und Plakate, ich plane die rechtzeitige Platzbesetzung mit Gastritis Teerstuhl vorm Bundestag und Edmund organisiert den Transport. Aufbruch 1. Juni, Abfahrt 4 Uhr, Ankunft 9 Uhr am Zielort.«

Gegendemo am Tag der Armenien-Resolution

»Das ist ja die reinste Türkeninvasion, hätte ich das geahnt, wären wir bereits gestern angereist. Diese anatolischen Haremswächter besetzten früher als gedacht den abgesperrten Vorplatz. Da hilft uns nur eine taktische Strategie, diese Menge von diesem Platz vorübergehend zu vertreiben, um unsere Division an vorderster Front zu platzieren. Entwickelt sich in Ihrem schlauen Köpfchen schon ein listiger Schachzug, Amazonin Teerstuhl?«

»Wenn ich Sie, Herr von Gurkenberg, so betrachte, entdecke ich eine sehr große Ähnlichkeit mit Herrscher Erdogan, was noch fehlt, wäre ein Bärtchen.«

»Aha, ich ahne bereits, was Sie mit mir vorhaben.«

»Ja, das müssen Sie über sich ergehen lassen, auch wenn Sie Prügel bekommen würden.«

»Und Sie glauben, damit überzeugen wir die Demonstranten?«

»Gewiss, dazu benötigen wir etliche Personen türkischen Aussehens, die enthusiastisch Erdogan, Erdogan Kurtarici rufen.«

»Aber Ihnen ist schon bewusst, dass Türkisch eine Fremdsprache für mich ist. Die erwarten doch eine Ansprache von mir. Was bedeutet denn dieses Kurtarici?«

»Retter oder Heilsbringer. Zu einer Ansprache wird es kaum kommen, da genügen einige gestenreiche Arm- und Handbewegungen, denn die Erdogan-Anhänger verweilen etliche Minuten in dem Zustand der Glückseligkeit, in denen die motorisierten Rollstuhlfahrer ihre Plätze an der Absperrung einnehmen.«

»Und wer schützt mich vor der wütenden Menge?«

»Ihre Beine.«

»Glauben Sie nicht, dass Edmund der Blonde noch mehr diesem Verkünder gleicht?«

»Nein, Sie sind jünger und schneller.«

»Na gut, dann übernehme ich diese selbstmörderische Heldenaufgabe.«

»Der beste Zeitpunkt ist kurz vor dem Eintreffen unserer motorisierten Rollstuhl-Division. Befassen Sie sich schon mit Ihrem Aussehen, Maskenbildner finden Sie im Reichstagsgebäude.«

»Wer besorgt türkische Fahnen, Statisten als Leibwächter und fanatische Komparsen?«

»Keine Sorge, das organisiert Ihre Amazonin.«

»Schau, schau, Thomas, da Erdogan! Des gibt's ja net, des derf doch net sei und jetzt kummt der auch no auf uns zua. Was mach ma denn?«

»Nur ruhig, Erwin, dem streck ich den Mittelfinger als Willkommensgruß entgegen.«

»Ui ja, des mach i a, aber wenn er uns seine Schläga aufn Hals hetzt?

»Siehst du irgendwo seine Leibwächter? Das ist schon eigenartig, dass der sich ohne seine Security-Rowdys nach Berlin traut.«

»Hast du des ghört, dea hat mich beim Vornama grufn?

»Ja, mich auch, der hat uns bestimmt ausspioniert und weiß, was wir hier vorhaben. Ich gehe ihm jetzt entgegen und frag ihn.«

»Warte, i begleit dich, nicht dass er di hintarücks absticht.«

»Na, ihr zwei germanischen Angsthasen, ich Türkenpräsident stopfe jedem sein Maul, die beleidigen mich. Euer Katastrophen-Parlament sich verstecken hinter dicke Mauern, ich reiße ein und Deutschland von Istanbul aus regiert werden. Alles gut vorbereitet, geplant viele, viele Jahre, jetzt abgerechnet wird. Türkei nicht blöd, Deutschland saublöd, immer nur quatschen, nie Härte zeigen, glaubt immer, mit Geld können Probleme lösen, schwache Menschen hier wohnen, Gehirne kaputt, sehen Gefahr nicht und holen sogar ab Migranten mit Booten. Wir keine lieben, die andere Hautfarbe, doch Deutschland liebt alle, weil blöd. Ab heute Schluss damit, ich ab jetzt Chef hier, schicke alle vom Parlament zu dem Größenwahnsinnigen nach Elba. Seehofer guter Mann, Einziger, der klare sagt Worte, liebe harte Staatsmänner. Ein Volk muss wissen, wer Chef im Ring, Merkel nur diskutieren, hinausschieben, reden, besprechen, planlos regieren. Ihr und eure Armee zu spät gegen sie standen auf, auch Partei viel zu spät gründen tun. Jetzt Deutschland nicht mehr Deutschland, jetzt Kolonie von Türkei. Ällabätsch, das habt ihr nun davon.«

»Des is ja unsa Gurkenberg! Bist jetzt scho zum Dopplgänga von dem Türkng aufsgstieng? Wos treibt dich denn umeinander, warum spielst du jetzt plötzlich an Erdogan?«

»Das werdet ihr bald sehen, ein Blick hinüber zum Platz der Republik, und schon tränen euch die Augen, nicht aus Traurigkeit, sondern ihr erlebt ein Lustspiel zum Totlachen. Bis bald.«

»Liebe türkische Brüder, heran kommt zu Vater des Großreiches Türkenland, ich Heilsbotschaft allen bringen. Herbei, ihr Andersglaubenden, ich mit Mohammed sprechen, er euch mit großer Freude aufnehmen und bekehren euch. Christen dumme Menschen, immer Backe hinhalten, nie Glauben verteidigen, nie dafür kämpfen, immer nur schön reden, Luther schuld an eurem Komplex Minderwertigkeit, kein Zusammenhalt unter Christen, prima für Islam. Schaut zurück Geschichte, Kreuzzüge der Christen großes Blutvergießen, viele, viele Mohammedaner geschlachtet ab, für Christus gekämpft, abendländische Helden. Jetzt nur nicken Kopf, immer ja sagen, nie Revolte machen, brav und blöd warten, bis Islam Europa erwürgt. Kein Zurück mehr, ich weiser Voraussicht, ich viele Jahre gewartet und geplant, jetzt Europa dem Islam hörig. Deutsches Volk nicht bemerkt, weil dämlich, Merkel, Gabriel und Steinmeier vor Jahren islamisiert, schon deswegen Abstimmung heute ohne sie. Deutsche Türken zwei Pässe in Hosentasche, der Deutsche nur Papier zum Arsch abputzen, Türken bleiben Türken, da auch Einbürgerung zwecklos. Meine lieben osmanischen Brüder, 1. Juni Tag der kampflosen Übernahme Deutschlands, Kapitulation schon vor langer Zeit vollzogen unbemerkt. Bei Medien und Wirtschaft schon lange Machtübernahme vorbereitet. Deutsche Politiker denken immer nur, mit Geld alles kaufen können, in Entwicklungsländer Kapital schaufeln Schwachsinn ist, Völker keinen Triebauf mehr haben und faul bleiben. Deshalb in Deutschland die Idioten am meisten sind, glauben immer mit Spenden Welt zu retten, noch kein einziges Land gesehen, dadurch gerettet wurde. Gegenteil, noch mehr Armut und Kinder, weil Menschen anstatt arbeiten Kinder machen und dann wandern Migranten vom zweitgrößten Kontinent nach Europa und das humane Deutschland holt diese sogar mit Kriegsschiffen ab noch. Ab heute Tag der Zurückschiffung, keiner dieser Kontinentler setzt Fuß auf Europa mehr, dafür sorge ich, Herrscher über Länder und Völker Europas und Arabien, meine IS-Truppen schon Aufstellung nehmen. Liebe Untertanen, bereitet vor euch auf den totalen Einzug des Islams, es nur noch Männer regieren und europäische Sitten und Gebräuche geduldet nicht werden. Angst davor keine haben, christliche Oberhäupter zur Verfügung schon Kirchen und Kathedralen gestellt haben, um Gebete verrichten darin. Seid frohen Mutes, parieren, wenn sie tun, Bestrafung nicht erfolgt. Wenn ungehorsam, fürchterlich fällt Strafe aus. Aber keine Sorgen ich mache, da Deutsches Volk alles glaubt, was wird erzählt ihm, wenn auch Märchen sind.

Es lebe der Islam, es lebe Mohammed, es lebe Erdogan, der Übermächtige.«

»Du, Thomas, schaugs o de Türkng, wias eam fanatisch zujubln, de glaubm des, wos ihnen da Gurkenberg prophezeit hot. Dea hot des a ganz echt rübabrocht, aber wenn de merka, dass des da falsche Erdogan is, do möchte i net in da Haut vom Gurkenberg stecka.«

»Da musst du dich nicht ängstigen, die bekamen doch nur den Auftrag zu demonstrieren, jede weitere Handhabung muss diesen Marionetten stets neu eingetrichtert werden. Solche automatisierten Protestler werden auch als Regimeroboter bezeichnet und sind überall einsetzbar, egal, wer dahinter versteckt ist.«

»Ja, was ist denn das für ein Menschenauflauf da drüben?«

»Edmund, heute ist dir das Theaterstück des Jahres entgangen, Gurkenberg machte eine Parodie auf Erdogan und sein Gefolge war hingerissen von ihm, wir ebenso. Da musst du nicht lange darauf warten, bis dieses Schauspiel von allen Fernsehanstalten gesendet wird. Dies wird in die Straßenfeger-Geschichte eingehen und lässt die Server von Facebook und YouTube explodieren.«

»Passt nur auf, dass sich aus dem Lustspiel keine Trauerkomödie entwickelt. Befürchte rechtliche Maßnahmen der Bundesregierung wegen Verletzung und Beleidigung eines Staatsoberhauptes.«

»Ach, Edmund, Gurkenberg ist doch kein Böhmermann, der ist sehr weise und kennt die Grenze zwischen Satire und Wahrheit.«

»Das sagst gerade du, der mit Unwahrheiten nur so umherwirft.«

»Jetzt aber stopp, Edmund, meine Vorhersagen sind alle eingetroffen und ich kann jede einzelne belegen.«

»Wie verhält es sich dann mit deiner Prognose, dass Flüchtlingen zwecks Zwangseinweisung privater Wohnraum zur Verfügung gestellt wird?«

»Warte die nächste Flüchtlingswelle im Sommer ab, da steht auch vor deiner Haustür ein Kommando und setzt dir eine Familie ins Haus.«

»Thomas, du mit deiner Schwarzmalerei bringst mich noch auf die Palme.«

»Siehst du da vorm Bundestag außer Fahnenmasten eine Palme?«

»Nein, aber eine Schlägerei zwischen unserer Krückstocktruppe und den Türken.«

»Das war vorhersehbar.«

»Unternimm doch etwas, bevor die Polizei eintrifft.«

»Edmund, bleib ganz ruhig, was denkst du, wie lange die warten mussten, bis sie endlich zuschlagen durften. Herrlich, wie unsere Invaliden gezielt ihre Krückstöcke einsetzen. Und wieder sind zwei Angreifer bewusstlos. Oh, hast du das gesehen, wie unser alter Haudegen Ludwig dem Türken seine Waffe zwischen die Beine rammte? Toll, wie unsere motorisierten Rollstuhlfahrer sie anfeuern. Au, was für ein Schlag auf die Birne. Oh weh, jetzt hat es unseren alten Xaver erwischt, nein, er lebt noch, schau, schau, wie er dem Türken mit letzter Kraft den Stock ins Maul stößt und sein Kumpel ihn mit einem Schlag auf den Schädel ins Jenseits befördert. Phänomenal, die Kampfkraft unserer Armee. Einer für alle, alle für einen, nur so kann man Schlachten gewinnen. Und als wenn nichts gewesen wäre, stehen unsere tapferen Krieger vor dem geschlagenen Feind und strecken ihnen die Schilder mit den Parolen entgegen. Einfach klasse gekämpft, ohne Rücksicht auf Verluste. Herrlich!«

»Thomas, geht's noch? Du führst dich auf wie Römer bei Gladiatorenkämpfen, je mehr Opfer, desto mehr steigt der Adrenalinspiegel.«

»Ein bisschen mehr Begeisterung darf ich von dir schon erwarten, schließlich gingen unsere alten Haudegen als Sieger aus der Schlacht, was kein Wunder ist bei dieser fabelhaften Strategie. Ah, da kommt unser Parodie-Genie!«

»Melde gehorsam, Türken vernichtend geschlagen, befinden sich auf Rückzug, eigene Verluste nicht der Rede wert. Mein Urteil zu deiner Rede als Türkenpräsident, phänomenal und witzig.«

»Ja, meine Freunde, das hätte auch schiefgehen können, aber zum Glück bestand die Erdogan-Anhängerschaft, wie sagt man so schön, aus einer unterjochten Söldnertruppe, deren Selbstbewusstsein so groß ist wie eine leere Flasche Raki. Wo befindet sich Erwin?«

»Keine Ahnung, vorhin bei der Schlacht spielte er noch den Anführer und entledigte sich dank seiner bajuwarischen Kraft durch Rundumschläge seiner Widersacher. Seht zu der Treppe zum Bundestag, er spricht zu Journalisten von Presse und Fernsehen.«

»Ich finde es empörend und außerordentlich beschämend, wie Ihre selbsternannte Miliztruppe gegen Gäste unseres Landes vorging. Ihre Methode, das Volk gegen die Bundesregierung aufzuhetzen, vergleiche ich mit der Vorgehensweise von Himmler und seiner Waffen-SS. Befindet sich in Ihnen und Ihrer Schlägertruppe denn kein Funken Gefühl von Sitte und Anstand?«

»Liebe Krone-Schmalz, wos mischn Sie sich in unsere Angelegenheitn ein, Ihr Horizont hot doch nur a Reichweitn von Peterburg bis Moskau. Sie wissen vielleicht, welche Kloschüssl da Putin benutzt oda wos für an Eingang in Kreml verwendn miassn, aba von dahoam haben Sie übahaupt keine Ahnung, wias do zuageht. De Russn sind Ihnen doch sympathischer als wir Deutsche. Gell, da verschiabts glei eana Perückng, wenns de Wahrheit hörn miassn.«

Dahoam – zuhause. Gell, da verschiabts glei eana Perückng – Ja, da verschiebt es Ihnen gleich Ihre Perücke.

»Kleber vom Zweiten Deutschen Fernsehen, mit dem Zweiten sieht man besser. Sehr geehrter Herr Erwin der Niederbayer, in meiner Person als Nachrichtensprecher und Chef des ZDF-Heute-Journals bin ich bestürzt von den Gewalttaten an unseren lieben Freunden aus der Türkei. Mir kamen die Tränen, als ich die massenhaft geschundenen Körper mit meinen beiden Augen betrachtete, meine Verachtung Ihnen gegenüber ist mit Worten nicht zu beschreiben. Ist Ihnen bewusst, was Sie an unserer Bundesregierung für einen Schaden anrichteten?«

»Jetzt kenn i mi gar nimma aus. Auf dea einen Seitn erlaubt des ZDF dem Böhmamann, den Türkng-Chef als warmen Bruada und Diktator zu bezeichnen, und Sie führn sich auf wie a Friednstaube, de auf de Köpf von de Deitschn runtascheißt. Des muass i Ihnen scho amoi song, wenn sie des Heite-Journal moderiern, komma sich de Zuschaua wia im Theater voa. Dialoge, so lang wie a Bandwurm, und dea Inhalt alles andere als informativ. Bei einer Nachrichtnsendung erwartet der Zuschaua kurz und bündig vorgetragene Reportagen und Darstellungen und net mit eigenem Senf gewürzte Meinungsäußerungen. Zu Ihrer Frage noch, do braucha Sie net so scheinheilg frong, unsare Bundesregierung hot sich scho weit früha selbst beschädigt, als sie Probleme wie a Förderbandl von sich weggschom hat.«

amoi – einmal, frong – fragen, weggschom – weggeschoben

»Stephan Mayer, Korrespondent des Bayerischen Fernsehens. Herr Erwin der Niederbayer, als Reporter sollte ich nicht zu dem Vorfall am Reichstagsgebäude meine Ansicht äußern, doch ich komme nicht hinweg, eure Aktion als grandios zu bewerten. Anders als meine Kollegen bezeichne ich die von euch geführte Campagne als Ermutigung, die Bürger wachzurütteln und sich ans Herz zu schlagen, damit das Parlament endlich einen anderen und volksnahen Weg beschreitet. Welche weiteren Pläne sind von Ihrem Chef, von Gurkenberg, in Vorbereitung?«

»Ihre Neigierde in Ehrn, aba darüber kann und derf i keine Aussagen treffn. Aba Sie könna mia glaum, da wird's noch in so manchn Städtn und Regierungsapparatn sehr heiß zugehn. Des war erst der Anfang und wenn mia ankommen san, wo mia hinwolln, nacha schauts in unsarem Vaterland so aus, dass sich des Volk wieda wohl fühlt und sich gfreit, dass deitsche Staatsbürga san. Und eines gfreit mi scho sehr, dass Sie sich a üba uns gfreit ham und unsan Kampf, den mia füa unsa Volk fühan, füa notwendig haltn. Wos i an Ihnen so schätz, dass Sie imma bei Reportagen aus Berlin die Geschehnisse richtig rübabringa.

Meine Damen und Herrn Journalistn, bittschen haben Sie Verständnis, dass i de Befragung abbrecha muass, meine Freind wartn scho sehr lang auf mi.«

glaum – glauben, fühan – führen, rübabringa – rüberbringen

»Ach, gönnen Sie mir noch ein kurzes Interview, Herr Erwin der Niederbayer, ich bin Korrespondent der Zeitung Die Welt, berichtete viele Jahre über politische Ereignisse aus der Regierungshauptstadt Berlin und arbeite momentan als Auslandskorrespondent für Die Welt in New York.«

»Do konn i nicht nein song, weil Ihr Verlag nix verschweigt und den kritischtn Journalismus betreibt. Also frongs mi, wos ihnen auf dea Lippm brennt.«

»Ich und viele Bürger der USA verfolgen mit großem Interesse Ihre Aktivitäten hier in der Bundesrepublik.«

»Da muass i Sie gleich untabrechn, dafür bin i nicht alleine zuständig, den Aktivismus hat der Gründer unsera Organisation, Herr Erasmus von Gurkenberg, ins Lebm gerufn. Ihm gebührt dafüa größte Anerkennung.«

»Dieser ehrenwerte Herr ist mir bestens bekannt, führte in den Vereinigten Staaten mit ihm bereits viele Gespräche, ein außerordentlich kluger und weitsichtiger Mensch und Politiker auf hohem Niveau.«

»Wenn Sie ihn selba sprecha möchtn, nacha bring i Sie zu ihm?«

»Nein, nein, danke, ich unterhalte mich mit Ihnen genauso gut, mir gefällt Ihre abstrakte Redensart. In den USA geistern Gerüchte einer neugegründeten populistischen Partei in der Bundesrepublik. Ist Ihnen diese Information auch bereits zu Ohren gekommen?«

»Natürlich wissen mia Bescheid darüba, do handelt es sich um einen Verein, dea sich hauptsächlich füa des deitsche Volk starkmacht und den Bürgern des Versprechn gibt, wieder ernst genommen zu werdn. Aba net nur de Menschn sollns bessa ham, auch unsa Mittlstand, der in der Vergangenheit so viel Fedan hot lassn miassn, soll gefördert und beschützt werdn. De Großindustrie muass übahaupt koa Angst ham, dass durch de neie Partei Einbußn erleidet, nur de Lobbyistn, de sich bei de Abgeordnetn tummln, dene wird da Kampf angsagt. Also, i glaub, de wird in ganz Deitschland a starkes Erdbeben auslösn und solltn de an de Regierung kumma, mei liaba Pepi, do wird aufgrammt.«

Übersetzung ins Deutsche

»Natürlich wissen wir darüber Bescheid, es handelt sich um einen Verein, der sich hauptsächlich für das deutsche Volk starkmacht und den Bürgern das Versprechen gibt, wieder ernst genommen zu werden. Aber nicht nur den Menschen soll es besser ergehen, auch unser Mittelstand, der in der Vergangenheit viele Federn lassen musste, soll gefördert und bewahrt werden. Die Großindustrie muss sich nicht ängstigen, dass sie durch die neue Partei Einbußen erleidet, jedoch Lobbyisten, die sich in der Nähe von Abgeordneten bewegen, diesen wird die Hose brennen. Also, ich sage voraus, die neue Partei wird im gesamten Deutschland ein heftiges Erdbeben auslösen und sollte diese an die Regierung kommen, mein lieber Josef, dann herrscht wieder Ordnung.«

»Liege ich da mit meiner Annahme richtig, dass diese Partei sich in unmittelbarer Nähe zu Gurkenbergs Rollatoren-Armee befindet?«

»Mei liaba Herr, Ihr Verdacht, dass des so ist, dem mog i nicht widasprechn, aba bessa wär's scho, wenns mit unsaren Chef redn dan, der sogt ihnen des so, dass sie des a verstehn.«

»Lieber Erwin der Niederbayer, Ihre Ausführungen habe ich genauso verstanden wie den Inhalt, den Sie ausplauderten. Grüßen Sie Ihren Chef.«

»Mensch, war des a Auflauf, dea gesamte Pressestadl war anwesnd. Warum is mia keina von eich zu Hilfe kumma?«

»Siehst du, Erwin, das habe ich dir gegönnt, so durftest auch du wieder einmal im Blitzlichtgewitter Rede und Antwort stehen und bin überzeugt, dass du die richtigen Worte gefunden hast.«

»Obs de richtigen Worte warn, des woass ma erst, wenns vom Fernsehn übeatrong und kommentiert wern und morgen de Zeitunga aufgschlang werdn. Do warn scho so a paar unbelehrbare Journalistn darunta, de scho a sehr hintafotzige Meinung von uns ham. Bevor i des vergiss, an schöna Gruaß soll i dir von dem USA-Korrespondentn der Welt ausrichtn.«

»Was, der Ansgar ist in Berlin? Hoffentlich hast du seine Fragen in meinem Sinne beantwortet.«

»Des wirst scho sehn, wenn du moang die Zeitung liest. I glaub, der denkt so wie mia, des is wirklich a seriöser Mann mit Anstand und Verstand. Der plappert net so einen Blödsinn daher, wia einige deitsche Möchtegern-Journalistn vom Staatsfernsehn.«

Teilübersetzung ins Deutsche

»Da waren schon ein paar unbelehrbare Journalisten darunter, die eine sehr heimtückische Meinung von uns haben. Bevor ich das vergesse, ich soll dir von dem USA-Korrespondenten der Welt schöne Grüße bestellen.«

»So, meine Freunde, nun verlassen wir diesen ereignisreichen Platz und ziehen ab. Rollatoren-Kämpfer abtreten, Heimfahrt!«

»Erasmus von Gurkenberg, ja, Kleiner Willy, du lässt ja überhaupt nichts mehr von dir hören. Was macht denn eure Vereinigte Alpenländische Union, herrscht noch Eintracht zwischen den Ländern?«

»Und wie, wir wachsen Tag um Tag besser zusammen. Du wirst es nicht glauben, die beteiligten Länder fordern bereits etliche Alpengipfel nach den Gründern der VAU umzubenennen. Aber weswegen ich dich anrief, ihr habt für ein Riesenremmidemmi in Berlin gesorgt. Eure Armee ist in aller Munde und über deine Erdogan-Parodie amüsiert sich ganz Europa und die halbe Welt. Dem Türkenchef ist bis jetzt noch nichts darauf eingefallen, der muss wohl zuerst die Standpauke vom Lammert verdauen, vor der sich die Bundeskanzlerin gedrückt hat.«

»Der bastelt sicher schon an Gegenmaßnahmen, ihm werden bald die Anwälte zu wenig und die von ihm blockierten Gerichte. Wenn der sich weiter so aufführt wie ein gereizter Stier, müssen wir bald die Grenzen zur Türkei abschotten, habe Angst, dass er eine Mobilmachung befiehlt. Ein Mensch, der mit so viel Stolz beseelt ist, befindet sich nicht weit von einem Despoten oder von einer Anstalt entfernt. Eigentlich kann einem das türkische Volk leidtun, aber im Grunde trägt es die Schuld, da es ihn zum Führer seines Landes wählte.«

»Das sehe ich ein wenig anders, mein lieber Willy, außerhalb der Türkei fühlt sich der Zuspruch der Bürger zu Erdogans Aktionen gewaltig an, jedoch bei genauerem Hinsehen rumort es bereits in der Bevölkerung. Türken bevorzugen stets einen starken mächtigen Führer, doch erkennen sie, dass ihr Staatsoberhaupt sich zum Clown von Europa entwickelt, so kommt des Türken Selbstbewusstsein ins Wanken. Aber was mich an dieser Angelegenheit so stört, unsere innenpolitischen Schwierigkeiten geraten damit ins Abseits und erscheinen nicht mehr so gravierend im Blickfeld.«

»So liegt es an dir, den Menschen wieder eine Auffrischung zu vermitteln und eine Aktion zu starten, die im gesamten bundesrepublikanischen Gebiet für Nachhaltigkeit sorgt. Fahr doch mit deiner Armee nach Leipzig zum Katholischen Kirchentag. Übermorgen findet der Abschlussgottesdienst statt, da wirst du bestimmt für Aufregung sorgen. Solltest du an meiner Anwesenheit interessiert sein, werde ich dich sehr gerne dabei unterstützen. Aus meiner Zeit als Pfarrer in München sind mir noch viele Kollegen bekannt, die mit den Aussagen der Kirchenführer nicht übereinstimmen.«

»Keine schlechte Idee, lieber Willy, befinden uns sowieso auf der Heimreise, so machen wir einen Zwischenstopp in Leipzig, würde mich freuen, wenn wir uns an dieser Stelle wieder einmal begegnen.«

Besuch beim Katholischen Kirchentag in Leipzig

»Das war ein erleuchtender Gedanke von dir, Willy, uns auf diesem Platz zu treffen. Meine Truppe besteht heute nur aus motorisierten Rollstuhlfahrern und aus einem Teil der Rollatoren-Krückstock-Kompanie. Insgesamt treten wir mit 230 Haudegen an, denen ich noch den Einsatzplan vermitteln muss.«

»Erasmus, am optimalsten beorderst du die Rollstuhlfahrer vor die Altartribüne, die Rollatoren mit den Krückstöcken seitlich zu den Besuchersitzplätzen, so sind diese augenblicklich einsatzbereit, sollte es zu Krawallen kommen. Ich vermute hier auf dem Alexanderplatz so ungefähr 30 000 Besucher, die in friedlicher Absicht den Abschlussgottesdienst aufsuchen. Eine überstürzte Reaktion könnte von jüngeren Katholiken ausgehen, aber auch nur, wenn sich eure Kämpfer nicht an die Gepflogenheiten eines Messbesuches halten. Der Altarraum bleibt eine Tabuzone, dessen Zutritt nur Geistlichen, Altardienern, Ministranten, Musikern und dem Chor vorbehalten bleibt. Während der Heiligen Messe und der Predigt, die Kardinal Marx hält, erbitte ich mir keinerlei Zwischenrufe oder Drohgebärden mit den Krückstöcken. Ich empfehle dir, den Zeitpunkt deiner Ansprache auf das Ende des Gottesdienstes, jedoch vor das Abschlusslied zu legen. Deshalb ist deine Geistesgegenwart gefragt, wenn der Kardinal den Segen spendet und noch bevor er die Katholikentagbesucher entlässt, musst du blitzartig reagieren. Die geistlichen Herrn, die den heiligen Bereich abschirmen, wurden von mir informiert, dich auf die Bühne zum Ambo vorzulassen. Für alle Fälle halte ein Megaphon in Reserve, es besteht die Gefahr, dir das Mikrofon auszuschalten. Gutes Gelingen!«

Im Flüsterton.

»Bin schon sehr neugierig auf die Predigt vom Kardinal, sicher findet er wieder mitleidsvolle Worte für die Flüchtlinge und Migranten, die bestimmt in den Fürbitten ebenfalls angesprochen werden.«

»Bsss, nicht so laut, Erasmus.«

»Ja, ja, wenn ich doch so fieberhaft darauf warte, damit mir ein paar Ansatzpunkte für meine Rede zuteilwerden.«

»Du bist doch nicht auf den Kopf gefallen, spüre doch, wie es in deinem Schädel brodelt.«

»Willy, heute bin ich zum ersten Mal aufgeregt und sehr nervös.«

»Das wäre ich ebenfalls, bei einer Kulisse von 30 000 Menschen.«

»Die Gläubigen jagen mir keine Angst ein, aber Kardinal Marx mit seinem brillanten Intellekt könnte mir alles vermasseln.«

»Bleib ganz ruhig, Erasmus, der schwächelt bereits nach dieser Begegnungstortur auf dem Katholikentag.«

»Du machst mir Spaß, von wegen Tortur, der besitzt eine Kondition von drei Wildpferden, schau nur hin, mit welchem Elan er den Weihrauchkessel schwenkt, dass die Glut beinahe die Altardecke in Brand setzt.«

»Das ist doch lächerlich, reiß dich endlich zusammen und denke an deine Erdogan-Parodie.«

»Oh, lieber Gott, schenke mir Kraft und überzeugende Worte, hilf mir bitte und lass den Kelch an mir vorübergehen.«

»Jetzt steigere dich nicht so hinein, du armselige Kreatur, mit deiner ketzerischer Bemerkung wird dir der liebe Gott keinen Beistand gewähren. Konzentriere dich, der Kardinal beginnt jetzt seine Predigt.«

»Heilige Muttergottes, stehe mir armem Sünder bei und sorge dafür, dass der Kardinal den Faden verliert.«

»Bist du von allen guten und schlechten Geistern verlassen? Deine Gläubigkeit befindet sich auf der Ebene eines Fünfjährigen, du kapierst gar nichts. Hilf dir selbst, so wird dir auch geholfen.«

»Mir ist einfach nicht zu helfen, ich werde meine Aktion abblasen, es hat doch keinen Sinn, gegen diese Wortgewalt des Kardinals zu bestehen. Hör ihm doch zu, mit welcher Leichtigkeit und ohne Zuhilfenahme eines Spickzettels er das Wort Gottes verkündet.«

»Wundert dich das, schließlich bekleidet er das Amt des Vorsitzenden der Deutschen Bischofskonferenz und fungiert als Berater beim heiligen Vater. Das Wort Gottes zu verkünden ist doch für einen Profi wie Marx so leicht, wie wenn du das Vaterunser betest. Warte noch ein Weilchen ab, bis er auf die Probleme der Asylsuchenden und Migranten eingeht, dann füllt sich dein Gehirn wie von selbst mit originellen Argumenten, die deiner Ansprache die richtige Würze einflößen.«

»Hoffentlich geht er heute darauf ein, ansonsten sind wir umsonst nach Leipzig gefahren.«

»Bestimmt, bestimmt, darüber spricht er stets am Ende seiner Predigten und bittet die Gläubigen um ein angemessenes Spendenopfer für das afrikanische Volk.«

»Gut, dass du das ansprichst, so habe ich einen weiteren Anhaltspunkt, gegen diese fehlgeleiteten Geldzuwendungen vorzugehen. Seit Jahren fließen sämtliche Spendengelder der katholischen Kirche zu diesem Kontinent und die hier Not leidenden Kinder und Armen haben das Nachsehen.«

»Ganz meine Meinung! Was denkst du, wie viele Gesuche ich an das Erzbischöfliche Ordinariat gesandt hatte, unsere bedürftige Bevölkerung zu unterstützen, doch die Antwort war stets, Afrika genießt absoluten Vorzug.«

»Aha, endlich kommt er auf das Gewünschte zu sprechen. Ja, ja, ist schon gut, lieber Kardinal. Er hört und hört nicht auf, mir schießt bereits meine Gehirnmasse aus beiden Ohren. Und noch einmal wiederholt er seine Bitten. Noch ein Wort und ich stürme aufs Podium und steck ihm einen Knebel in den Mund. Hallo, Herr Kardinal, Sie verlieren sich in einem heillosen Konflikt!«

»Bsss, Erasmus, du bist das größte Arschloch, neben dem ich je gesessen bin.«

»Au, hast du das gesehen? Der Hintermann schlug mir seinen Regenschirm auf den Kopf, so ein Barbar, noch ein Schlag und ich lasse die Krückstöcke auf seinem Schädel tanzen.«

»Du hast es auch nicht anders verdient, erwürgen sollte er dich.«

»Du bist mir ja ein christlicher Freund, da halte ich mich bis zum Äußersten zurück, schweige wie ein im Koma Liegender und du wünscht mir, dass mich jemand ermordet. Sehr christlich!«

»Gebt euch ein Zeichen des Friedens und der Versöhnung.«

»Der Friede sei mit dir, lieber Willy.«

»Den kannst du dir sonst wohin stecken.«

»Na, dann eben nicht und du bildest dir ein, dich mit deiner theologischen Weisheit für Frieden und Vergebung einzusetzen.«

»Halte endlich dein Maul und besinne dich, was du jetzt vortragen möchtest.«

»Es segne euch der Vater, der Sohn und der Heilige Geist. Gehet hin in Frieden.«

»Da musst du mich nicht extra auffordern, ich weiß, was ich zu tun und zu sagen hab.«

»Seine Eminenz, der Herr hochwürdigste Kardinal, Ihre Exzellenzen der Herren Bischöfe, sehr geehrte Vertreter von Stadt und Staat, liebe Glaubensschwestern und Glaubensbrüder. Bitte verweilt noch einen Augenblick in dieser imposanten Sphäre der christlichen Gemeinschaft, aus der ich die Kraft schöpfe, meine Gedanken an euch zu richten. Liebe Eminenz, durch Ihre eindringlichen Worte durften wir heute einer Predigt beiwohnen, die uns noch lange Zeit begleitet und bereichert sowie in jedem der hier Anwesenden Zustimmung fand, bis zu dem Abschnitt Ihrer Kanzelrede, als Sie, sehr geehrte Eminenz, auf die Sorgen der Flüchtlinge, Asylanten und Migranten zu sprechen kamen. Nein, Sie müssen jetzt keine Fragen stellen, bleiben Sie ganz gelöst auf Ihrem Stuhl sitzen, ich verweilte ebenfalls ruhig und kommentarlos während Ihrer Predigt. Meine Verwunderung über Ihre wiederholten und leierhaft vorgetragenen Aufrufe, Solidarität, Liebe und Aufnahmebereitschaft den

Ärmsten der Armen zuteilwerden zu lassen, stößt bei mir und vielen, vielen Katholiken auf Besorgnis und Unverständnis. Auch Ihre unterwürfigen Pfarrgemeinden hegen bereits Widerspruch gegen Ihre unendlichen Anweisungen, Wohnraum und Kollekten diesen Menschen zur Verfügung zu stellen. Ihnen als Oberhirte der Diözese München und Freising ist mit Bestimmtheit nicht entgangen, dass auch das deutsche Volk nicht nur aus wohlhabenden Mitbürgern besteht. Diesen an der untersten Grenze der Bedürftigkeit Lebenden entziehen sowohl der Staat als auch die Kirche das Recht auf ein einträglicheres Dasein. Sind denn diese Menschen nicht vorrangig zu behandeln? Diese Bedürftigen ziehen nicht durch die Straßen und demonstrieren für Zuwendungen für eine humanere und tolerantere Menschenwürde, nein, sie verhalten sich schweigsam und demütig. Gedulden Sie sich noch, Herr Kardinal, Ihren Einwand tragen Sie bitte später vor. Sicherlich plädieren Sie, den Zuwanderern aus den Katastrophengebieten hier eine neue Lebensperspektive zu ermöglichen, aber wer seinen eigenen Bürgern dies nicht gewährt, dem unterstelle ich Gleichgültigkeit dem eigenen Volk und Gläubigen gegenüber. Selbstverständlich fordere ich ebenfalls den Hilfesuchenden beizustehen, jedoch nicht denen, die aus materiellen Gründen ihre Heimat verlassen. Hier müssen endlich klare und deutliche Worte der Abgrenzung erfolgen und nicht stets honigtriefende Appelle an die Bevölkerung. Ja, bitte, Eminenz, ich höre!«

»Mit Unverständnis reagiere ich auf Ihre menschenverachtenden unchristlichen Behauptungen, wir Katholiken sollten diese armen, geschundenen Menschen ausgrenzen. Sprach nicht Christus zu seinen Jüngern: ›Liebet die Menschen, so wie ihr geliebt sein möchtet‹? Oder: ›Wer mit einem Finger auf andere zeigt, soll mit drei Finger auf sich selber zeigen.‹ Nur die Liebe untereinander ermöglicht ein Leben in Frieden und Geborgenheit. Unsere Kirche wurde auf den Säulen von Glaube, Liebe und Hoffnung erbaut und Sie verweigern diesen Pilgern unseren Beistand. Liebe Mitchristen, verschließt die Ohren, lasset die üblen Worte dieses Predigers nicht in euren Geist eindringen, verschanzt euch vor diesem Feinde unseres Glaubens und betet mit mir gemeinsam für Menschen auf der Flucht. Vater, stehe diesen Vertriebenen bei, schenke ihnen die Hoffnung auf ein ...«

»Liebe Freunde, ein Gebet zu unserem Herrn sollte immer aus dem Herzen und Verstand erfolgen und niemals aufgezwungen werden. Verehrte Eminenz, überlassen Sie den Gläubigen ihre Gebete selbst zu formulieren, diese besitzen genügend eigene Begabung und Intelligenz, Gott ihre Sorgen vorzutragen. Auf Ihre Worte aus dem Neuen Testament möchte ich verständlicherweise nicht eingehen, da diese aus dem Text gerissenen Abschnitte so manche Auslegung zulassen. Jedoch bei Glaube, Liebe und Hoffnung gestehe ich Ihnen zu, dass Sie zum Fundament unseres christlichen Glaubens beitragen. Die Betonung liegt bei christlichen, nicht mohammedanischen, dessen Gläubige Sie wesentlich höher bewerten als uns Christen, denn über Christenverfolgungen in arabischen Ländern erfuhr das Volk ausführlich nur von Medien, niemals von der katholischen Kirche selbst. Dies zu verschweigen und nicht anzuprangern bringt Ihre Kirche in Verdacht, Sympathisant der monotheistischen Religion zu sein, um sich rechtzeitig vor der Einnahme durch den Islam zu verbünden. Christ sein, bedeutet nicht den Vorgaben der Oberkirche blind zu vertrauen, sondern ihre Äußerungen kritisch zu hinterfragen. Nach meiner Einschätzung befindet sich der katholische Klerus zu diesem Zeitpunkt in einer schwierigen Vertrauenskrise, ausgelöst durch die Bevormundung von hohen Kirchenhäuptern, die ihren Gemeindeseelsorgern das Aussprechen von bestehenden Tatsachen nicht gewährt. Liebe Besucher des Katholischen Kirchentages in Leipzig, nicht der ist der bessere Christ, der seine Schäfchen mit salbungsvollen Worten beschallt, sondern sich mit sozialkritischen Themen auseinandersetzt und sich auch nicht scheut, die Gefahr des Islams für unsere Religion offen darzulegen. Ich danke für Ihre Geduld und Aufmerksamkeit. Gehet hin und denkt darüber nach!«

»Liebe Gläubige, verweilt noch kurz auf euren Plätzen, ich als Kardinal der katholischen Kirche möchte euch noch einige Worte der Einsicht auf den Nachhauseweg mitgeben. Bitte harrt noch aus, lauft nicht weg, ohne dass ich euch verabschiede! Bitte leiht mir noch kurz euer Gehör und gebt mir die Gelegenheit zur Rechtfertigung. Ich befehle hierzubleiben!«

»Lassen Sie es gut sein, Eminenz, ändern Sie Ihre Ansichten, dann werden die Gläubigen Ihnen wieder Vertrauen schenken. Begreifen Sie endlich, die Menschen benötigen volksnahe und aufklärende Predigten und Aussagen, die sie in ihrem Denken bestätigen, und keine Firlefanz-Ansprachen.«

»Sind Sie ruhig, Sie zerstörende und spaltende Axt. Reicht denn nicht ein Luther, müssen Sie auch noch auf der Bildfläche erscheinen?«

»Schön, langsam begreife ich die Absicht Luthers, neue Glaubensthesen zu veröffentlichen. Alleine der eine Bibelvers (Römer 1,17) öffnete ihm die Augen.«

»Denn darin offenbart die Gerechtigkeit, die vor Gott gilt, welche aus dem Glauben kommt und zum Glauben führt; wie geschrieben steht (Habakuk 2,4): Der Gerechte wird aus dem Glauben leben.«

»Ich verstehe den Vers so: Wer die Einsicht zur Gerechtigkeit erlangt, wird auch als Gläubiger vorurteilsfrei handeln und die Wahrheit im Glauben und in seinem rechtschaffenden Leben finden.«

»Zum Palavern habe ich jetzt wirklich keine Lust, viele der hunderttausend Bibelverse sind, wie Sie bereits behaupteten, bei einzelner Auslegung aus dem Volltext gerissen und verfälschen dadurch ihren Sinn. Sie, Herr von Gurkenberg, können sichergehen, von mir und den Mitgliedern der Deutschen Bischofskonferenz zu hören.«

»Erasmus, da kommt noch was auf dich zu, aber ich bin trotzdem hingerissen von deiner Ansprache und deinem Schneid, dem Kardinal ins Wort zu fallen und zurechtzuweisen. Vergebung wirst du von ihm so schnell keine erhalten, auch wenn er, wie ich vermute, zutiefst beindruckt war von deinem kritischen Angriff auf ihn.«

»Im Nachhinein bin ich selbst überrascht von meiner angriffslustigen Haltung und es tut mir leid, diesen sympathischen Kirchenmann vor den 25 000 Gottesdienstbesuchern in Schieflage zu bringen.«

»Ich schließe mich dir an, diese hochgestellte Persönlichkeit ist eine Kapazität der katholischen Kirche und ein Mann mit Charakter, einfach ein ganzer Kerl, und ich denke, die Sympathie für die mohammedanischen Migranten legt er bald beiseite.«

»Warten wir's ab, lieber Willy.«

Brief an die Erzdiözese

München, den 30.05.2016

Seine Eminenz, der Herr hochwürdigste Kardinal!

Ursprünglich versuchte ich eine bürgerliche Anrede zu wählen, da es mir leichter fallen würde unter dieser Voraussetzung mit Ihnen zu kommunizieren. So spreche ich Sie, wenn Sie erlauben, und dies gestatten Sie mir sicher, mit Herrn Glaubensbruder an. Auch vermute ich, geht Ihnen diese Floskel manchmal auf die Nieren und Sie wünschten sich die Betitelung eines normalen Bürgers. Der Grund, Sie mit meinem Schreiben zu belästigen, soll nicht der einer Entschuldigung meiner Störung beim Katholischen Kirchentag sein, ich wollte nachfragen, welche Konsequenzen Sie daraus ziehen. Meinerseits kam ich zu der Schlussfolgerung, eine solche Einmischung jederzeit zu wiederholen, ob im Liebfrauendom zu München oder auch in ländlichen Pfarrgemeinden. In meiner Person als Parteivorsitzender der CSI und Anführer meiner Rollatoren-Armee komme ich nicht herum, weiterhin unsere Standpunkte zu vertreten und vernehmbar anzusprechen. Mein Freund, ein Theologe der katholischen Kirche, der meine Meinung voll und ganz vertritt, nennt Sie eine Kapazität der katholischen Kirche und einen Mann mit Charakter. Da stimme ich ihm mit vollem Umfang zu und deswegen bin ich guter Hoffnung, Sie umstimmen zu können. Bitte betrachten Sie dies nicht als einen Erpressungsversuch, Ihre überzeugende Meinung in Sachen Islam zu verändern, auch wenn Ihre Einsicht nicht erfolgen würde, bleibe ich meiner Gesinnung treu und trete in Gemeinschaft mit Partei und Armee weiterhin zum Kampf für Recht und für den christlichen Glauben ein. Eines darf ich noch erwähnen, hätte ich in der Zeit der Kreuzzüge gelebt, ich wäre als überzeugter Glaubensritter ins Gefecht gezogen, den Christen in Israel vor der Ermordung durch islamische Krieger meinen Beistand zu gewähren.

Mit untertänigsten Grüßen
Ihr
Glaubensbruder Erasmus von Gurkenberg

Antwortschreiben des Kardinals

München, den 02.06.2016

Sehr geehrter Herr Glaubensbruder Erasmus!

In Ihrem Schreiben betiteln Sie mich sowie auch Ihre werte Person als Glaubensbruder, somit komme ich nicht herum, aus Anlass unserer Verbrüderung Ihnen das Du anzubieten und Sie ebenfalls damit anzusprechen.

Zu Deiner Frage, welche Konsequenzen ich aus der Begebenheit in Leipzig ziehe, ist mir Deine Frage nicht umfassend genug. Was bezweckst Du damit? Beinhaltet sie eine Antwort auf mein weiteres Eingehen auf die gegenwärtige Flüchtlingssituation oder reift in Dir die Sorge eines rechtlichen Vorgehens durch das Erzbischöfliche Ordinariat, das ich hiermit ausschließe. In einem kurzfristigen Aufruf an ausgewählte Pfarrgemeinden und Würdenträger erbat ich eine Stellungnahme hinsichtlich meiner Person als Glaubensvorstand. Die eingehenden Rückmeldungen bewahrheiteten Deine Vermutung der kritischen Bewertung der wiederholt gemachten Ausführungen meiner Ansprachen. Was ich aus dieser Umfrage für mich persönlich ableite, ist das Versprechen an Dich, von weiteren Hilfsaufrufen abzulassen und mich voll und ganz für unsere Glaubensfamilie zu engagieren. Nicht widerwillig, sondern mit voller Überzeugung beinhalten meine zukünftigen Predigten eine Verkündigung, das Christentum vor Andersgläubigen zu schützen und Diskriminierungen als Angriff auf die katholische Kirche zu verurteilen. Des Weiteren werde ich in meiner Eigenschaft als Vorsitzender der Deutschen Bischofskonferenz und Berater unseres Heiligen Vaters Franziskus mich dafür verwenden, die katholische Kirche vor jeder Art von Demütigungen zu schützen, und bei Bedarf mich wortgewaltig für unseren christlichen Glauben einsetzen. So wahr mir Gott helfe.

Mein lieber Glaubensbruder, Du erwähntest in Deinem Schreiben Deinen Freund, der das Amt eines katholischen Würdenträgers bekleidet. Wohlüberlegt verhindertest Du seine Namensnennung, jedoch, ohne lange nachzudenken, rückte mir eine Person ins Blickfeld, deren Begabung der Deines Freundes entspricht. Meine Vermutung liegt nahe, dass er Dir bei mancher Deiner Entscheidungen hilfreich zur Hand geht. Dazu darf ich Dir, mein lieber Erasmus, herzlich gratulieren, Du hast damit einen wahren Freund zur Seite, der in christlichen Glaubensfragen, aber ebenso in politischen Angelegenheiten weitsichtig und klug seine Meinung vertritt.

Durch Deine aufrüttelnde Kritik hast Du einen weiteren Mitstreiter dazugewonnen. Ich wünsche Dir viel Erfolg in Deinem Kampf für Gerechtigkeit und für den Erhalt unserer Christengemeinschaft.

Mit segensreichen Wünschen an Dich und an Prälat Kleiner Willy

Euer
Glaubensbruder

»Hallo, Erasmus, Willy hier, soeben erhielt ich deine Mail. Das Schreiben vom Kardinal liest sich recht erfreulich, aber wieso tituliert er mich mit Prälat, bin doch nur ein ganz stinknormaler Pfarrer. Bin mir gewiss, da verwechselte er mich mit einem Kollegen.«

»Da bin ich mir nicht so sicher, der wusste genau, wer du bist. Erinnere dich zurück, als du ihm im Erzbischöflichen Ordinariat einen Besuch abgestattet hast. Einmal Kleiner Willy vor Augen, hinterlässt dieser eine Brandmarkung in jedem Gehirn. In nächster Zeit bekommst du bestimmt Post von deinem Oberchef.«

»Na gut, dann steige ich halt in die gehobene Position eines Prälaten auf, die mir noch mehr Arbeit einbringt. Beförderung beiseite, weswegen ich dich anrief, mir fiel in einer Münchner Zeitung ein Bericht auf, in dem der Unmut der Bevölkerung angesprochen wurde. Der Journalist beschrieb die Wohnungsnot in München und kam zu dem auslösenden Urteil, dass arabische Fürsten dazu beitragen. Sie erwerben Wohnimmobilien, die sie für den Zeitraum nutzen, wenn sie in Münchner Kliniken ihren Gesundheitszustand überprüfen lassen oder wenn eine Operation ansteht. In früheren Jahren mieteten sie sich mit ihrem Hofstaat in Hotelsuiten ein, nach ihrem Aufenthalt hinterließen sie diese so verwüstet, dass eine Totalrenovierung vollzogen werden musste.«

»Und deswegen rufst du mich extra an?«

»Deine Antenne hatte auch schon einmal einen besseren Empfang. Früher wäre das für dich ein Impuls gewesen, dagegen vorzugehen. Im Stadtteil Bogenhausen proben Bewohner bereits einen Aufstand gegen die Bauherren dieser Nobelherbergen, die ein solches Ausmaß erreichten, dass in jedem noch so kleinen Grundstück Luxuswohnungen für diese arabischen Multireichen hochgezogen werden. Die Bürger kommen sich vor wie auf einem Basar oder wie im Karneval. Heerscharen von total Eingemummten schleichen durch die Straßen. Wer kann da noch unterscheiden, ob sich darunter ein Weibchen oder ein Männchen verbirgt? Ein kurzer Abstecher in die Innenstadt würde dir deine verschleierten Augen öffnen. Burkas, wo du hinsiehst, und dahinter verbergen sich kaufgeile Wüstenweiber, die sich mit Reizwäsche eindecken. Da muss mir keiner mehr vorhalten, seid doch toleranter zu diesen fremden Kulturen.«

»Oh, Herr Prälat, Sie versündigen sich, wenn solch sexuelle Gedanken in Ihnen aufkeimen.«

»Da schießt mir gleich der Blinddarm ins Knie, wenn ich so einen Schwachsinn höre. Bist du jetzt bereit dagegen vorzugehen, oder hängt im Schrank von deiner Liebsten auch bereits so eine Gespensterverkleidung?«

»Reg dich doch nicht so auf, ein bisschen Spaß musst du mir schon noch gönnen in dieser turbulenten Zeit. In mir tobt doch derselbe Unmut gegen die Machtübernahme dieser Erdölheinis. Diesmal binde ich die betroffenen Bürger mit ein, mit der Rollatoren-Armee vor die Baubehörde zu ziehen und anschließend durch die Innenstadt zum Zielpunkt Rathaus.«

»Und was ist mit Protestschilder oder Spruchbänder?«

»Darauf verzichte ich, dafür verwende ich andere provozierende Hilfsmittel. Der Kleiderstoffhändler Matthes löst sein Lager auf und verbilligt seine Ware bis zu 80 Prozent.«

»Ich ahne bereits dein provokantes Vorhaben, aber pass ja auf, die Moslems verstehen keinen Spaß, wenn es um Verunglimpfung ihrer Sitten und Gebräuche geht.«

»Ohne Provokation lässt sich eine Demonstration nicht durchführen. Es ist zwar etwas riskant, aber da muss ich jetzt durch. Nach meiner Berechnung genügen fünf Ballen schwarzen Tuches, um alle Beteiligten mit einer Kopfburka zu verhüllen. Ich kann mir den Faschingsumzug mit tausenden von Ersatzmuslimen schon so lebhaft vorstellen, dass ich Angst habe, die Stadt bricht aus allen Nähten.«

»Genau das befürchte ich ebenfalls, doch ohne Aufsehen zu erregen, funktioniert dein Vorhaben nicht. Wann geht's los?«

»Bis die Kopfverhüllungen geschneidert sind, vergehen bestimmt drei Wochen, demnach legen wir den Termin auf Freitag, den 1. Juli fest. Eines muss ich noch loswerden, was mich die letzten Monate beschäftigte. Gestartet sind wir mit dem Protestmarsch, behindertengerechte Zugänge an Bahnstationen und bei Behörden zu fordern, und inzwischen mischen wir uns in jede Angelegenheit ein, die uns Sorgen bereitet und wütend macht.«

»Erasmus, jeder fing einmal klein an, manche verweilten ewig im Anfangsstadium, weil sie nie den Mut hatten aufzubegehren, doch du gehörst zu jenen, die sich nicht nur für abgesenkte Bordsteine starkmachen. Marschiere weiter den Weg der Gerechtigkeit und bewahre weiterhin deinen Sinn, unser Land vor unguten Geistern zu beschützen.

Muslimenaufmarsch

»Bitte alle Führungskräfte, am 24. Juni 2016, 18 Uhr zur Einsatzbesprechung zum Marienplatz, Treffpunkt Mariensäule!«

»Liebe Mitstreiter, hier an diesem geschichtsträchtigen Ort erfolgt am 1. Juli 2016, 17 Uhr unsere nächste Demonstration, die unter dem Motto steht, Kostümierung nur zum Fasching. Der Beweggrund für diesen Anlass ist die immer stärkere Ansammlung von verschleierten arabischen Frauen auf Münchner Straßen. Der Protestzug startet um 15 Uhr vom Städtischen Krankenhaus Bogenhausen mit Unterstützung von unzufriedenen Bewohnern dieses Stadtteils durch den Englischen Garten über die Leopoldstraße, Ludwigstraße, Theatinerstraße hin zum Marienplatz. Angekommen verkünde ich lautstark unsere Opposition zur gegenwärtigen Situation von der Überfüllung Münchens mit Vollverschleierten sowie zum Dulden von unbegrenzten Wohnungsimmobilienankäufen durch arabische Industrielle und Herrscher in der Bayerischen Landeshauptstadt. Wir verzichten dabei auf Protestschilder, stattdessen setzen wir auf ein homogenes Gesamtbild jedes unserer Teilnehmer. Zum Einsatz gelangen schulterlange Burkas, die am Versammlungsort Bogenhausen ausgegeben und übergezogen werden. Bitte veranlassen Sie, dass alle Mitstreiter in schwarzer Kleidung erscheinen, um den Eindruck bei den Zuschauern noch zu verstärken. Bei Zusammentreffen mit verschleierten arabischen Frauen verbitte ich mir jede Art von Diskriminierung, da schon die aufsteigende Skepsis ihrer Kostümierung ihnen den Schweiß durch den Schleier treiben wird. Bitte um Fragen!«

»Erasmus, i muass scho song, des hättn mia scho viel früha durchziehn miassn. De schwarzn unheimlichn Gestaltn braucha ja fast scho an Waffnschein, wenn de plötzlich um de Eckng bieang, do hob i scho oft voa lauta Angst in d Hosn gschissn. Des weiß jeda, dem des a scho oamoi passieat is, do konnst koane fünf Meta mehr lafa. Früha hob i imma glaubt, wenn i durch d Maximiliansstraß spaziat bin, de Oper veakaft ian Kleidafundus, aba des hob i boid eigsehn, dass des net sei konn, wos füa a Theata hot scho so a Menge von arabischn Gwand in seim Kostümlaga?«

Übersetzung ins Deutsche

»Erasmus, ich muss schon sagen, das hätten wir bereits viel früher unternehmen sollen. Die schwarzen unheimlichen Gestalten benötigen für ihre Bekleidung beinahe einen Waffenschein, wenn diese plötzlich um die Ecke biegen, da ist es mir schon öfters ergangen, dass sich vor Angst der Darm in meine Hose entleerte. Jeder weiß, wem dieses Malheur bereits einmal passierte, dass man kaum noch fünf Meter gehen kann. Früher habe ich immer geglaubt, wenn ich durch die Maximilianstraße spazierte, das Nationaltheater verkauft seinen Kleiderfundus, aber das habe ich bald eingesehen, dass dies nicht sein konnte, denn was für ein Theater beinhaltet schon eine so große Menge von arabischen Gewändern in seiner Kostümkammer?«

»Erwin, kannst du dich auch kürzer fassen und dich endlich auf deine Fragen konzentrieren?«

»No, küaza, wia i mi ausdrück, geht go net, i red sowieso scho in Steno. Aba wennst moanst, nacha frog i di hoit wos, hoffntlich host a a Antwort drauf. Wos mach ma, wenn uns de Leibwächtaeunuchn von dene Moslemfrauen nachlafa und eanare Muskln spiun lassn?«

Übersetzung ins Deutsche

»Noch kürzer als ich kann man sich nicht fassen, ich spreche sowieso schon Steno. Aber wenn du meinst, dann frage ich dich etwas, hoffentlich findest du eine Antwort darauf. Was machen wir, wenn uns die Leibwächtereunuchen folgen und uns mit ihren Muskeln traktieren?«

»Eine sehr berechtigte Frage, Erwin! Ja, was unternehmen wir in einer solchen Situation? Vorab möchte ich dich noch darüber aufklären, dass heutzutage in arabischen Ländern keine Eunuchen mehr in Haremsbereichen tätig sind. Also, sollten wir mit einem Angriff konfrontiert werden, so spreche ich euch das Recht zu, mit Notwehraktionen zu antworten. Dafür ist unsere Krückstocktruppe zuständig.«

»Herr von Gurkenberg, Sie müssen auch vorbereitet sein, wenn uns urplötzlich die Verschleierten überfallen. Wie sollen sich hier unsere männlichen Kämpfer verhalten? Ihnen ist schon bewusst, arabische Frauen dürfen niemals von fremden Männern berührt werden.«

»Liebe Gastritis Teerstuhl, dies ist eine wohlüberlegte Frage, deren Antwort genauso wohlüberlegt sein sollte. In diesem Notfall gilt die Aufhebung der Immunität der arabischen Frau und ebenso der Grundsatz, gleiches Recht für alle. Ja, Thomas, bitte!«

»Ihr sprecht immer davon, die Gefahr geht nur von Islamisten aus, es ist doch jedem von uns bekannt, dass in der Bundesrepublik die Anhängerschaft des muslimischen Glaubens sich ständig vermehrt und nicht nur gebürtige Moslems, sondern auch deutsche Bürger diesem Glauben verstärkt anhängen. Ich sehe bereits eine unbeschreibliche Gefahr, dass unsere Demonstration in eine Massenschlägerei ausartet. Nach meinem Befinden sollten wir auf diese Demonstration verzichten.«

»Thomas, deine Kritik ist angebracht und auch in mir steigt Beklemmung auf, ob die Entscheidung für diesen Protestmarsch nicht ausführlich durchdacht war. Wir haben noch einige Tage, die uns bleiben, um zu überlegen, welche Maßnahmen wir ergreifen, damit es nicht zu einer größeren Auseinandersetzung ausufert.«

»Aus welchem Beweggrund gedenkst du die Abschlussveranstaltung auf dem Marienplatz abzuhalten? Der Oberbürgermeister und die Stadträte werden dir sicher nicht Rede und Antwort stehen. Die beobachten den Aufmarsch durch die beschützenden Rathausfenster und drücken sich vor unliebsamen Fragen. Ich schlage als neuen Treffpunkt den Odeonsplatz vor, der wesentlich weitläufiger und für uns einsehbarer ist. Die Feldherrnhalle dient dir dabei als Rednertribüne.«

»Auch dies wäre eine Lösung, Edmund, und die Ludwigstraße diente für die Aufnahme der gesamten Rollatoren-Armee und ebenso für die Zuschauer. Prima, Edmund!«

»Ausgezeichnet, Edmund, do hots dia nach langa Zeit wieda a saubane Blitzgebuat aus deim Denkspeicha gschwoabt. Wos is jetzt, Graf Erasmus, machma des so, wia da Edmund vorgschlong hot, oda muasst no a Nacht dadrüba schlafa?«

Übersetzung ins Deutsche

»Edmund, ausgezeichnet, da hat es dir nach langer Zeit wieder einmal eine tolle Blitzgeburt aus deinem Denkspeicher gespült. Was ist nun, Graf Erasmus, machen wir das so, wie Edmund es vorgeschlagen hat, oder musst du noch eine Nacht darüber schlafen?«

»General Morbus von Chron, weshalb beteiligen Sie sich nicht an der Diskussion?«

»Ich wartete zuerst die amateurhaft vorgenommene Einsatzbesprechung ab, bevor ich mit meinem Generalstabsplan dazwischenfunke. Verlegung zum neuen Standort akzeptiere ich, wobei auch auf diesem 70 000 Quadratmeter großen Schlachtfeld Feindesattacken nicht ausgeschlossen werden können. Die größte Gefahr sehe ich durch Überraschungsangriffe an unseren Schwachstellen, Ostflanke, Westflanke sowie totale Einkesselung. Jedoch dank meiner militärischen Erfahrung entwickelte ich ein funktionierendes Verteidigungskonzept, das unsere Festung uneinnehmbar macht. Sollte es sich bewahrheiten, weitere 60 0000 Quadratmeter von der Ludwigstraße zu beanspruchen, sind wir gefordert unser gesamtes Truppenpotenzial aufzubieten, um für den Schutz der Zuschauer zu garantieren. Außerdem benötigen wir ein fünf Meter hohes Abfangnetz, um vor Wurfgeschossen geschützt zu sein. Durch diese Maßnahmen gelingt uns ein störungsfreier Ablauf unserer Demonstration.«

»Siehst du, Erwin, somit ist deine Frage auch beantwortet. General, ich gratuliere Ihnen zu ihrem perfekten Generalstabsplan. Hiermit darf ich abschließend erklären, der 1. Juli wird in die Geschichte der Stadt München eingehen, ob es dem Stadtrat passt oder nicht. Stabsoffizier Irrwitz Demenz, Sie melden sich sehr spät zu Wort.«

»Herr von Gurkenberg, Sie sprechen hiermit Ihr Einverständnis zu unserer bisher größten Aktion aus, ist Ihnen überhaupt bewusst, dass für eine solche Riesendemonstration die Genehmigung der Stadt München vorliegen muss? Was nützt Ihnen die beste Planungsvorbereitung, wenn Ihr Ersuchen abgelehnt wird? Sie dürfen sich bei mir bedanken, Sie darauf hingewiesen zu haben.«

»Ach, lieber Stabsoffizier, habe ich jemals um eine Genehmigung unserer Einsätze nachgefragt? Es ist richtig, dass durch Ihr kurzes Mitwirken Ihnen der Grund noch nicht geläufig ist, so darf ich Sie nachträglich davon in Kenntnis setzen. Unsere Rollatoren-Armee besteht zu 95 Prozent aus altersschwachen Behinderten, die sich im letzten Stadium ihres Daseins noch einmal für Recht und Ordnung hingeben. Wer, um Gottes Willen, traut sich dagegen einzuschreiten? Ich weise Sie auf die unzähligen Videoüberwachungskameras im Stadtgebiet hin, diese würden Beweise liefern, sollten Einsatzkräfte gegen uns vorgehen. Ebenso werden wir von Journalisten und Fernsehleuten begleitet, die sich nicht scheuen würden missbilligende Berichte zu veröffentlichen sowie anklagende Diskussionen zu führen. Genügt Ihnen meine Ausführung?«

»Schön und gut, trotzdem verstoßen Sie gegen das Veranstaltungsrecht.«

»Nein, kein Verstoß, ich nenne dies eine Prophylaxe gegen die zunehmende Staatsgewalt an deutschen Bürgern. Dazu fand ich in einem Büchlein ein passendes Gedicht.

›Des Volkes Schweigen

In einem fern gelegenen Lande
lebte ein Volk, das nicht imstande,
den Mund zu öffnen, um zu klagen,
so sandte der König Boten, um zu fragen.

Liebe Bürger, sagt dem König eure Meinung,
um zu erfahren eure Neigung
zu des Königs Macht und Güte,
gebet Antwort ihm zuliebe.

Des Volkes Zungen blieben stumm,
nur Fürsten überschwänglich Lob kundtun,
so ging er selbst hin, um nachzufragen,
spazierte als Minnesänger durch die Straßen.

Setzte sich in der Schenke zu den Leuten,
lästerte über des Herrschers Schadenfreuden,
die Ausbeutung und Unterjochung,
dies trieb die Bürger aus der Deckung.

Er war schockiert und voll von Trauer,
als zerbrach die Schweigemauer,
er blickte in hasserfüllte Augen
und sah vor sich des Bürgers Grauen.

Dieses Volk führte ihn zum Reichtum
durch hohe Steuern und durch Knechtung,
es unterwarf sich und blieb stille,
dies war nicht des Königs Wille.

Er senkte Steuern, half den Armen,
bei Schuldnern zeigte er Erbarmen,
es mehrte sich des Volks Vertrauen,
kaum einer hegte noch Misstrauen.‹«

»Und was lernen Sie daraus, verehrter Irrwitz Demenz?«

»Gedichte sind Gedichte und Bestimmungen sind Bestimmungen. Dichterworte schweben stets wie Seifenblasen über uns hinweg, doch die Wirklichkeit und Wahrheit zerplatzt niemals. Da müssen Sie schon mit handfesteren Argumente auftrumpfen, lieber Graf.«

»Nein, das muss ich nicht, denn jeder halbwegs Gebildete versteht die Worte des Schriftstellers. Bei Ihnen, mein lieber Irrwitz Demenz, habe ich ein Nachsehen, da Ihr Vor- und Familienname Sie doch zu stark geprägt hat.«

»Das sagen gerade Sie, Graf Erasmus Egwin Eriwan von Gurkenberg, bei einer solchen Fülle von schauderhaften Betitelungen hätte ich meine Eltern bereits vor meiner Taufe verklagt.«

»Ach, wissen Sie, mein lieber Irrwitz, nicht die Namen geben Aufschluss auf die Persönlichkeit, sondern in welche Richtung sich diese entwickelt. Verzeihen Sie mir die Personifizierung mit dem Charakterisieren Ihres Namens, jedoch bei Ihnen gibt es keinen Anlass, daran zu zweifeln.«

»Nach diesem harmlosen Wortgefecht bereiten wir uns auf den Demonstrationszug zum Odeonsplatz vor. Abmarsch 1. Juli 2016, 15 Uhr Städtisches Klinikum Bogenhausen, Ankunft 17 Uhr Ludwigstraße/Odeonsplatz, sofortige Ausrichtung der Verteidigungslinien, anschließend Gruppierung der Mannschaften, der Innenbereich bleibt den beteiligten Bürgern sowie Zuschauern vorenthalten. Bei Aussprechen meines Befehls ›Setzt auf‹ werden die Burkas blitzartig übergezogen. Bei Antreffen von Polizeisperren erfolgt planmäßiger Weitermarsch, bei Hinderung wisst ihr, was zu tun ist, bitte haltet euch daran, dass bei Auftreten eines Verkehrschaos die

Marschroute beibehalten wird. Wünsche gutes Gelingen und Hals und Beinbruch!«

»Alle Truppenführer zu mir! Zeitvergleich, 14 Uhr! Edmund, sorgen Sie dafür, dass die Aufstelllänge des Zuges nach hinten vergrößert wird. Erwin, ziehe die Spitze bis zur Effnerstraße vor, damit wir im hinteren Bereich mehr Raum für weitere Mitstreiter gewinnen. Edmund, ich höre!«

»Das Ende des Zuges erreichte soeben Daglfing, schätze die Länge auf vier Kilometer, und verlängert sich weiterhin. Polizei ist zur Stelle und fordert Auflösung der Demonstration.«

»Auch hier Großeinsatz von Sicherheitskräften, wir verhalten uns ruhig und stellen uns blöd.

»Verrate mir, Erwin, wie ihr das anstellt.«

»Wir unterhalten uns und antworten in Kauderwelsch, einige stottern in Türkisch ein paar Brocken, andere stammeln russisch oder wieder andere slowakisch und chinesisch. Verständigung gleich null. In diesem Augenblick blockieren sie die Effnerstraße, um uns am Start zu hindern.«

»Erwin, setzen Sie die motorisierten Rollstühle an die vorderste Front und bestücken Sie diese mit Wasser-MGs. Noch fünf Minuten, dann setzen wir uns in Bewegung ohne Rücksicht auf Verluste.«

»Das Ende erreicht schon Riem und kein Ende ist in Sicht. Bis die Letzten am Zielort eintreffen, machen sich die Ersten schon wieder auf den Nachhauseweg. Erasmus, glaubst du immer noch an einen erfolgreichen Ausgang unseres Unternehmens?«

»Selbstverständlich, die Aufmerksamkeit ist bereits vor dem Start größer, als wir es uns vorgestellt hatten, und wenn sich die Masse in Bewegung setzt, ist halb München auf den Beinen. Der Start ist erfolgt, jetzt wird's spannend.«

»Erwin, zwinge die Rollstühle die Absperrung zu durchbrechen, auch wenn Totalausfälle erfolgen, der Zug darf auf keinem Fall zum Stillstand kommen.«

»De Roistui ham scho de Barriere samt dem Einsatzkommando weggrammt, de Effnastraß ham ma a scho übaquert, Trambahn hot a Notbremsung macha miassn, dass de Leit durch de ganzn Waggons gflong san. Trifft uns aba koa Schuid, weil mia dem Fahra rechtzeitig zuagwunka ham, er soi ohoitn, aba dea Depp hot gmoant, ea war stärka ois mia. Nacha ham mia an soichan schwearn Motoaroistui aufs Gleis gschom und jetzt stäht de Tram neba dem Gleis.«

Reinübersetzung ins Deutsche

»Die Rollstühle haben bereits die Barriere inklusive Einsatzkommando durchbrochen, die Effnerstraße haben wir auch schon überquert, Straßenbahn musste eine Notbremsung durchführen, dass die Insassen durch die Waggons geschleudert wurden. Trifft uns jedoch keine Schuld, da wir den Fahrer rechtzeitig zum Halten aufforderten. Jedoch der Idiot hat gedacht, er sei stärker als wir. In letzter Sekunde schoben wir einen von den schweren Rollstühlen auf die Geleise und jetzt steht die Straßenbahn neben den Schienen.«

»Das geht ja schon gut los, weitermachen, als wenn nichts stattgefunden hätte. War der Rollstuhl besetzt?«

»Selbstveaständlich!«

»Gut gemacht, Erwin, dann trifft euch wirklich keine Schuld. Nehmt bitte mehr Fahrt auf, die Masse kommt sehr zäh in Bewegung.«

»Wos füa a zähe Masse moanst du? I frog nua, weil sich des so zwoadeitig ohört.«

»Was für eine zähe Masse meinst du? Ich frage nur deshalb, weil sich dies so zweideutig anhört.«

»Bitte denke nur an deine Aufgabe und sonst an gar nichts.«

»Thomas, bitte melde dich!«

»Erasmus, der Demonstrationszug kommt in Bewegung, Polizeikräfte versuchten uns zu trennen, keine Chance, nun marschieren diese notgedrungen mit. Mitstreiter benehmen sich sehr kooperativ, befestigten die Störer an ihren Rollatoren. Einige Auserwählte haben sich schweren Herzens bereiterklärt, den auf den Gehwägelchen platzgenommenen Invaliden ihre Hilfe anzubieten. Ansonsten läuft alles wie geschmiert. Ende!«

»Meldung an von Gurkenberg! Empfehle den Zug aufzuteilen, um auf einem anderen Weg ans Ziel zu kommen. Der Einsatz an Polizeikräften nimmt immer mehr zu, versuchen uns von den anderen abzutrennen.«

»Habe verstanden, Gastritis Teerstuhl, erbitte Bedenkzeit. Ist Morbus von Chron in Ihrer Nähe?«

»Morbus von Chron tauschte mit Edmund dem Blonden den Einsatzort, befindet sich nun am Ende des Zuges. Edmund konnte sich der Übermacht von Einsatzkräften nicht mehr erwehren. Dank der militärischen Ausbildung konnte von Chron die Angreifer durch List in eine andere Richtung locken. Er spaltete das Ende auf und bewegt sich Richtung Berg am Laim, die Gesetzeshüter fielen auf seine Taktik herein und folgen.«

»Achtung, Achtung, an alle Gruppenführer, wir ändern unsere Strategie und bilden vier Abteilungen, die unabhängig voneinander eine neue Wegstrecke auswählen. Informiert euch untereinander! Zusammenschluss des Demonstrationszugs Siegestor oder, wenn nicht anders möglich, Zielort. Bitte um Bestätigung meiner Anweisung!«

»Verstanden, Thomas zweigt ab, nehme Weg über Richard-Strauß-Straße durch Effnertunnel und Isarring.«

»Edmund gibt neue Route durch! Haben uns bereits abgespalten, ziehen Richtung Prinzregentenstraße, Friedensengel, Altstadtring, durch Hofgarten hin zum Odeonsplatz.«

»Hallo, Erasmus, und mia marschiern auf da Monteglasstraß, vor uns da Englische Gartn, no zehn Minutn, nacha sama do drin vaschwundn. Keine Belästigung duach Stöakommandos.«

»Hallo, Erasmus, wir marschieren auf der Monteglasstraße, vor uns der Englische Garten, in zehn Minuten sind wir darin verschwunden. Keine Belästigung durch Störkommandos.«

»Verstanden, Erwin!«

»Hilfe, Hilfe, befinden uns im Tunnel, sind eingeschlossen, riesiges Aufgebot von Einsatzkräften versperrt uns den Ausgang. Werden auch von hinten attackiert. Erbitte sofortigen Beistand!«

»Ruhe bewahren, Edmund! Ich benachrichtige sofort das Einsatzkommando der Feuerwehr, Brand im Effnertunnel. Verbrennt Bekleidungen oder andere brennbare Gegenstände.«

»Okay, melde, alle sind Nichtraucher!«

»So eine Scheiße, da siehst du wieder einmal die katastrophale Auswirkung der Propaganda unserer Regierung, ihren Bürgern das Rauchen zu verbieten. Benutzt die Feuerlöscher, sie befinden sich in der Pannenbucht, diese tragen auch zur Qualmentwicklung bei.«

»Habe verstanden! Melde, die Arschlöcher vernebeln sich gegenseitig.«

»Meldung angekommen! Gegenseitige Vernebelung eurer Arschlöcher. Keine Ratschläge mehr zu erwarten, da die Gehirne der Arschlöcher total verschissen sind.«

»Verstanden! Bestätige, vollgeschissene Arschlöcher.«

»Hallo, Erasmus, hia meldet sich Erwin. Siegestor erreicht, marschiern weita. Wann treffa de andan Abteilungen ein?«

»Erwin, halte durch, es wird zu Verspätungen kommen.«

»Dacht ich's mia doch, koa Disziplin steckt in dem Sauhaufa, de lassn uns einfach alloa und mia stecka jetzt in dem Schlamassl fest. Nix is mit dem Vateidigungswall, den ia aufstein wollts, stattdessen stenga mia do wia zum Abschuss bereit. De Polizeianwärta, lauta so junge Büaschal, eawartn uns scho mit eanane Schlogstöck und Schuidln wia de oidn Röma. Wos soin mia jetzta macha? Soin mia uns vielleicht vahaftn lassn von der Jungspund-Schandamerie?«

Übersetzung in Standarddeutsch

»Dachte ich es mir doch, keine Disziplin steckt in diesem Sauhaufen, die lassen uns einfach alleine und wir stecken jetzt in einer schwierigen Situation fest. Nichts ist es mit dem Verteidigungswall, den ihr erstellen wolltet, stattdessen stehen wir zum Abschuss bereit. Die Polizeianwärter bestehen aus lauter jungen Burschen und erwarten uns bereits mit ihren Schlagstöcken und Schutzschilden wie die alten Römer. Was sollen wir jetzt unternehmen? Sollen wir uns etwa verhaften lassen von dieser Jungspund-Gendarmerie?«

»Lieber Erwin, die befolgen doch nur die Anordnungen ihrer Obersten, aber das mit dem Verhaften finde ich gut, ja, sogar sehr gut. Schiebt die altersschwachen und lädierten Kämpfer an die vorderste Reihe und schon habt ihr gewonnen.«

»Soll i des jetzta vastehn?«

»Eigentlich hätte ich dich für schlauer gehalten. Würdest du gegen alte gebrechliche Menschen vorgehen, die deine Uropas oder Uromas sein könnten?«

»Jetzt glaub i, dass i di vastanden hob.«

»Edmund, wie sieht's im Tunnel aus?«

»Wieso Tunnel? Bewegen uns bereits in Richtung Leopoldstraße, Absperrkommando wurde von Polizeistaffel wegen Freiheitsberaubung in Gewahrsam genommen. Werden nun von unseren Befreiern bis Zielort flankiert begleitet.«

»Meldung von Thomas und Gastritis, unsere Züge sind wieder vereint, befinden uns im Hofgarten, hinter uns die Staatskanzlei. Treffen in zwei Minuten ein!«

»Morbus von Chron, erbitte Standortmeldung!«

»Mussten Umweg über Max-Weber-Platz und Maximilianeum nehmen, gegenwärtiger Standort Staatsoper, schließen in drei Minuten zu euch auf, keinerlei Verluste, private Demonstranten wohlauf!«

»Wer kann Auskunft über Irrwitz Demenz geben? Wiederhole, wo ist dieser unterentwickelte Stabsoffizier?«

»Zuletzt bemerkte ich diesen Eigenbrötler, als er mit seinem Rollstuhl versuchte die Isar zu durchfahren.«

»Edmund, danke für deine Beobachtungsgabe, wieder ein Problem beseitigt.«

»Dieser Anblick von meisterhafter und wohlorganisierter Realisierung unseres Vorhabens bringt meine Augen zum Überlaufen. Einfach perfekt! Dank eurer grandiosen Unterstützung erlebt die Rollatoren-Armee heute den Höhepunkt ihrer bisherigen Aktivitäten. Besonders erfreut sind wir, und darauf bin ich besonders stolz, dass eine Riesenanzahl von Bürgern und Bürgerinnen sich an unserem Demonstrationszug beteiligt. Bitte um Handhebung, wem noch keine Kopfverkleidung ausgehändigt wurde. Bitte melden Sie sich an der Burka-Ausgabestelle! Achtung, setzt auf! Bitte lassen Sie sich nicht von Wurfgeschossen und Schmährufen Außenstehender irritieren und zu unüberlegten Handlungen hinreißen, unsere Verteidigungsaktivisten regeln dies nach ihrer Methode. Auch bitte ich alle Beteiligten, Ruhe zu bewahren, sollten unvorhergesehene Zwischenfälle auftreten, dafür sind wir jederzeit durch ausgebildete Desperado-Kämpfer gewappnet. Und nun eröffnet Thomas von Eresing mit seiner Rede ›Ganzjährig Karneval – ja oder nein‹ die Kundgebung. Bitte, Thomas!«

»Liebe Anwesende und werte Gestrige!

Aus Anlass der zunehmenden Maskierung durch weibliche Mitbewohner und Gäste dieser Stadt ergeht heute unser Aufruf an diese gesichtslosen verschleierten Gestalten, entledigt euch eurer schwarzen Kutten und Gesichtsmasken. Wir, als freiheitsliebendes, zivilisiertes und kultiviertes Volk, nehmen Anstoß an dieser weiblichen Vollverpackung, die dazu bestimmt ist, keinen Blick auf die Weiblichkeit, die sich darunter verbirgt, freizugeben. Die Vermutung liegt nahe, dass aus Gründen der Abschreckung arabische Frauen ihr Antlitz verdecken. Sollte dies der Wirklichkeit entsprechen, so stehe ich diesen von Schönheit nicht Bevorzugten einen Minimalschleier zu. Jedoch bezweifle ich sehr, dass dies bei allen Maskierten zutrifft, genauso hege ich Argwohn, dass die Hörigkeit der arabischen Frau ihrem Mann gegenüber Anlass einer solchen Totalvermummung ist. Meine sehr verehrten Anwesenden, wer von euch fühlte sich noch nicht irritiert, wenn ihnen in der Innenstadt und jetzt bereits in jedem Stadtteil Gruppen begegnen, bei denen nur ein minimaler Sehschlitz erkennen lässt, dass es sich um menschliche Lebewesen handelt? Was denken sich diese verkleideten Gestalten über die abendländische Bevölkerung? Ich bin dieser Frage nachgegangen und versuchte darauf Antworten zu bekommen. Erschreckt wichen diese eingehüllten Kostümträgerinnen zurück und kreischten in englischer Sprache: ›Disappaer, you unbelieving.‹ So weit ist es nun schon gekommen, dass wir Christen von Andersgläubigen verjagt werden, nur weil ich mich diesen Unkenntlichgemachten näherte und eine Antwort auf meine Frage erwartete. Nein und nochmals nein, unser Erlöser trägt den Namen Jesus Christus und nicht Mohammed, wer dies nicht akzeptieren möchte, ist hier nicht willkommen. Auch wenn Millionen von Koran-Gebetsbüchern von Islambrüdern in die Menge geschleudert werden, beugen wir uns nicht diesen rechtswidrigen Anhängern, die uns mit listigen Absichten von unserem Glauben abbringen möchten. Dazu rufe ich euch alle auf, lasst euch von dieser machthungrigen Religion nicht verführen. Auch wenn die Führer der katholischen Kirche, abseits der Wirklichkeit, sich für Frieden unter allen Weltreligionen einsetzen, so ist dies für mich ein naives Handeln. Eine Weltkirche, die eine bevorstehende Gefahr nicht rechtzeitig bemerkt und weiterhin die Friedenstauben durch die Welt flattern lässt, schenkt ihren Gläubigen keineswegs Vertrauen, ihr die Treue zu erweisen. Mit verschlossenen Augen blicken sie auf ihre Schäflein, die sich in Herden von ihr abwandten, jedoch ihren Glauben weiterhin beibehielten. Ich bezeichne unsere Oberkirche als unfähig, auf die herrschende Missstimmung ihrer Schäflein einzugehen. Warum auch? Die Kirchensteuern sprudeln üppig, der Reichtum vermehrt sich und mir scheint, dies ist die einzige Messlatte, die für Kirchenfürsten auschlaggebend ist. Lassen Sie mich noch zu einem für mich äußerst wichtigen Punkt kommen. Papst Franziskus ist wohl der Einzige, der das unvorstellbare verschwenderische Verhalten einiger seiner Untertanen erkannte. Alleine in der Erzdiözese München-Freising tummeln sich eine Menge Oberhirten, die, obwohl sie zu den Großverdienern gehören, sich durch private Geschäftemacherei bereichern, in Saus und Luxus leben und durch Abwesenheit glänzen. Dies ist ein schändliches Verhalten eines Seelsorgers, der so schnell wie möglich bestraft und von seinen Ämtern enthoben werden müsste, damit wieder Vertrauen bei den Gläubigen einkehrt. Meine sehr verehrten Zuhörer, kommen wir wieder auf das Thema der Verschleierung zurück. Ich plädiere, endlich von oberster Stelle, nach unzähligen Diskussionen und Beratungen, ein Verbot der Vermummung auszusprechen, so wie es bei Demonstrationen üblich ist. Wer von Ihnen kann unterscheiden, was oder wer sich darunter verbirgt? Was nützen die tausend Videoüberwachungskameras, wenn diese nur wandelnde schwarze Geister erkennen, was nützen die von Einsatzkommandos produzierten Bilder, wenn nachtschwarze kontraststarke Stoffhüllen darauf zu sehen sind. Ihr uns Regierenden, sagt endlich nein und befolgt die Warnungen unserer überforderten Polizei, jetzt habt ihr noch die Gelegenheit, morgen ist es zu spät.

Danke für Ihre Aufmerksamkeit!«

»Thomas, jetzt hör dir diesen Beifallssturm an, da hast du den Finger in die Wunde gelegt. Nun siehst du wieder, wie es im Innern vieler Bundesbürger brodelt. Aussprechen geht gar nicht, keiner vertraut mehr dem Anderen, aber hier können sie sich endlich von ihrem unterdrückten Frust befreien, ich hoffe nur, dass sie in Zukunft ihre Meinung ebenso herausbrüllen.«

»Hallo, von Gurkenberg, bitte melden! Ausschreitungen im Bereich der Staatsbibliothek. Angreifer werfen Wassermelonen in die Zuschauermenge, bereits mehrere Treffer gelandet, mehrere Personen erlitten Schädelhirntrauma.«

»Gastritis Teerstuhl, wurden keine Sicherheitsnetze in diesem Abschnitt aufgebaut?«

»Sind vorhanden, aufgebrachte Gegendemonstranten, vermute türkischer Herkunft, verwenden Katapulte und schon wieder ein Volltreffer.«

»Ist die Verteidigungslinie noch intakt?«

»Und wie, sie amüsieren sich und biegen sich vor Lachen.«

»Kann ich verstehen! Wie hoch ist noch der Vorrat dieser spritzigen Kanonen?«

»Vermute grob geschätzt 20 Stück.«

»Lassen Sie die ihre Munition verschießen, sammeln Sie die Bruchstücke und schieben Sie diese den Angreifern ins Maul, egal, was dann passiert. Krückstocktruppe soll Ihnen assistieren.«

»Verstanden! Oh, wieder ein Totalschaden an Mensch und Rollator. Schade um diese leckeren Früchte.«

»Wer sind Sie denn? Kommen Sie mir nicht näher, Sie sehen ja grauenhaft aus.«

»He, Erasmus, des bin doch i, da Erwin. Hob mia de Buaka seiba macha miassn, hob nix andas ghabt ois mei Untahosn, de ganzn Vorrät san scho ausgem woan.«

»He, Erasmus, das bin doch ich, der Erwin. Habe die Burka selbst entworfen, da ich nichts anderes fand als meine Unterhose, die gesamten Vorräte sind vergriffen.«

»Muss denn jeder sehen, was du unten für hässliche Fetzen trägst?«

»Ja, so greislich is jetzt a wieda net, Hauptsach, sie is schwarz.«

»Ja, so abscheulich ist meine Unterwäsche auch wieder nicht, Hauptsache, sie ist schwarz.«

»Hast du mir etwas zu melden?«

»Moanst, sonst war i zu dia kumma? Freili hob i wos Wichtigs zum song, do bei dem Nymphnburg-Gschirrlon Ecke Briennastraß gibt's a gräßare Veasammlung von ganz wuidn Barbaren, de mächtn sicha an Anschlog auf uns macha. Hoizknüppl, Schlogring und wos woas i, wos de no dabeiham.«

»Meinst du, sonst wäre ich zu dir gekommen? Selbstverständlich habe ich etwas Wichtiges zu berichten, direkt vor dem Nymphenburg-Porzellan-Geschäft Ecke Briennerstraße bildet sich eine größere Versammlung von sehr wild aussehenden Gestalten, die sicher einen Anschlag auf uns verüben möchten. Holzknüppel, Schlagringe und was weiß ich, was die noch mit sich tragen.«

»Lieber Erwin, das hört sich nicht gut an. Kannst du erkennen, welcher Nation diese Schläger angehören?«

»I hob doch gsogt, des san Barbaren, wo de jetzt heakumma, des is mia a a Rätsl. Aba wenn i des Wort Barbar zealeg und mit Fantasie wieder nei zammasetz, nacha gäht ma do a Liacht auf. Host a scho a Idee?«

»Ich habe doch gesagt, das sind Barbaren, wo die nun herkommen, das ist mir auch ein Rätsel. Aber wenn ich das Wort Barbar zerlege und mit Fantasie wieder neu zusammensetze, nachher geht mir doch ein Licht auf. Hast du auch schon eine Idee?«

»Jetzt mach keine Wortspielerei daraus, die Lage ist todernst!«

»Du Spaßvaderba, du host a koan Humor, es is doch so einfach, wia wenn ma des Wort Rede andas zammsetzt. Nacha kummt Erde raus. Host mi? Und wennst nacha Barbar durchananderschüttlst, dann host de Lösung und nacha hoast des Arabbar. Und so schaung de a aus. Gäi, jetzt schaugst?«

»Du Spaßverderber, du besitzt auch keinen Humor, es ist doch so einfach, wie wenn man das Wort Rede anders zusammensetzt. Somit ergibt dies Erde. Hast du das verstanden? Und wenn du dann Barbar durchmischst, dann hast du die Lösung und somit heißt das gesuchte Wort Araber. Und so sehen die auch aus. Nicht wahr, jetzt schaust du aber?«

»Ja, du hast recht, noch Blöderes fällt dir nicht ein? Da kann ich mich noch so bemühen, aus Barbar wird niemals ein Araber.«

»Mensch, Erasmus, do braucht ma heut a bissal an Grips, dass ma drauf kummt, aba i sichs scho, du bist a net mit da boarischn Sprach aufgwaxn. Auf alle Fälle san des Araba, de uns mit ganz finstane Aung gegenübastänga.«

»Mensch, Erasmus, da benötigt man schon ein wenig Geist, dass man darauf kommt, aber ich sehe schon, du bist auch nicht mit der bayerischen Sprache aufgewachsen. Auf alle Fälle sind dies Araber, die uns mit ganz finsteren Augen gegenüberstehen.«

»Und weil ich mehr Grips besitze als du, rufe ich nun die 110 und melde mich als Mitarbeiter der Nymphenburger Porzellanmanufaktur und erbitte Hilfe, da ich Angst um Leib und Schaufenster habe sowie um die Kostbarkeiten, die sich darin befinden. Host mi vastandn?«

»Prima, Erasmus, dei Dialekt is pfundig.«

»Liebe Mitstreiter, bitte lassen Sie sich nicht von etwaigen Störversuchen militanter Gegner beunruhigen, unsere Schutztruppe ist auf alle möglichen Anfeindungen bestens vorbereitet. Als nächsten Gastredner bitte ich Herrn Edmund den Blonden ans Mikrofon.«

»Liebe Bürgerinnen und Bürger, liebe teilnehmende Akteure und Akteurinnen, liebe Andersdenkende und Andersdenkinnen, liebe Beschützer von der Polizei, liebe Beschützerinnen von derselben, liebe Freunde und Freundinnen, mein Blick, meine lieben Anwesenden und Anwesendendinnen, gleitet über eure Häupter hinweg bis hin zum einen Kilometer entfernten Siegestor. Menschen und Menschinnen mit verdeckten Köpfen, soweit mein Auge reicht. Eigentlich ein grauenvoller Anblick, doch jedem von uns muss es endlich bewusst geworden sein, weswegen wir diese menschenverachtende Verkleidung anwenden. Ja, meine lieben Demonstrantinnen und Manifestanten, unser Hiersein bezweckt, das Tragen von Tarnkleidung ein für alle Mal zu verbieten. In allen europäischen Ländern ist die Narrenzeit an einen Zeitraum gebunden und das Überschreiten verbietet unsere Kultur. Deshalb fordern wir, meine lieben Herrschaften und Herrschafterinnen, das Verbot von Maskierten außerhalb des Karnevals. Es ist unerträglich für die Bürger, einem Maskenfest ausgeliefert zu sein, das sich über das ganze Jahr hinzieht. Auch die unter solchen Schwarzkitteln Verborgenen müssen endlich begreifen, dass andere Länder andere Sitten und Gebräuche pflegen. Meine sehr verehrten Zuhörerinnen und Zuhörer, wer sich nur mit einem Sehschlitz der Öffentlichkeit zuwendet, hat nach meiner Ansicht etwas zu verbergen und diesmal denke ich nicht an die Weiblichkeit, obwohl bei manch einer korpulenten Gestalt finde ich dies angebracht, sondern an die Person, die unkenntlich durch die Straßen huscht. Welche Überprüfung der Personalie lässt sich durchführen? Kein Gesetzeshüter, meine lieben Getreuinnen und Getreuen, will in Versuchung kommen, dies zu veranlassen. Aber wir, die Rollatoren-Armee, sowie die aus unserem Verein hervorgegangene und kürzlich gegründete Partei mit dem wohlklingenden Namen CSI – Christliche Senioren-Initiative verweigern uns, dieser zur Schau getragenen Mummenschanz-Maskerade unseren Zuspruch zu erteilen. Meine lieben Neumitglieder und Neumitgliederinnen, Ihrer Anmeldung, unserer Partei beizutreten, sehe ich mit Wohlgefallen entgegen, bitte bedienen Sie sich der Stände mit der Fahne unseres Logos, dort werden Sie bestens beraten und zum Beitritt überredet. Meine sehr verehrten Damen und Herren, vielen

Dank für Ihr Interesse. Autsch, wer wirft denn hier mit Pistazien? Es freut mich, auch von Andersdenkenden Zustimmung durch diese pikanten Aufmerksamkeiten zu erfahren. Schmecken prima!«

»Edmund, ist deine Rede nicht etwas zu kurz geraten?«

»Kaum, alles Wichtige wurde gesagt, ansonsten gäbe es nur Wiederholungen zu Thomas' Vortrag. Welches Thema behandelst du? Über Verschleierung wurde ausgiebig gesprochen.«

»Aus dem Stehgreif könnte ich über den Austritt Britanniens meinen Vortrag halten, da bräuchte ich keinerlei Spickzettel. Zuvor erkundigen wir uns aber noch bei Erwin, was mit seinen Barbaren geschah.«

»Wieso, gehören die jetzt auch schon zu unserem Verein?«

»Nein, nein, es bestand die Gefahr, von Arabern angegriffen zu werden. Erwin, ist alles paletti?«

»Hia häascht Ruhe, de wuidn Araba hot des Einsatzkommando so in de Mangel gnomma, dass am Schluss nua no drei übabliem san. Des war a Pfundsidee von dia mit dem Übafall auf den Gschialon.«

»Hier herrscht Ruhe! Die wilden Araber, hat das Einsatzkommando so in die Mangel genommen, dass am Ende der Schlägerei nur noch drei Araber unverletzt übriggeblieben sind. Das war eine Superidee von dir, mit der Vermutung eines Überfalls auf das Geschäft der Nymphenburger Porzellanmanufaktur (Geschirrladen).«

»Ausgezeichnet, Erwin, halte trotzdem die Augen auf.«

»Auf mi konnst di vealassn, Erasmus.«

»Liebe Anwesende, nun ist der Zeitpunkt gekommen, unsere Kopfverkleidung abzulegen und ein neues, aber ebenso brisantes Thema anzusprechen. Der Austritt Englands aus der Europäischen Union ist für mich keine Überraschung, sondern notwendiges Übel. Wie einige unter euch wissen, betrachte ich die EU seit Entstehen als ein brüchiges und überdimensional aufgeblähtes Gebilde, das außer immensen Kosten nur Zerrissenheit und Neid zwischen den Völkern hervorbrachte. Ich bezeichne die Bürger Britanniens als Vorreiter einer auf uns zukommenden Austrittswelle von Staaten, die ebenfalls ihre Unzufriedenheit mit dieser Bevormundungspolitik bereits bekunden. Diese Fantasten, die mit blindem Enthusiasmus die Völker Europas als Union vereinen wollten, waren so mit Übereifer beschlagen, dass sie nicht bedachten, dass so viele andersartige Kulturen niemals eine Einheit ergeben können. Beitragszahlungen aus Steuergeldern von Milliarden und Abermilliarden, nur um eine zusätzliche Gesamtstaatenregierung am Leben zu erhalten, empfinde ich als katastrophal und irrsinnig. Welche Vorteile sind den beigetretenen Ländern, abgesehen von Griechenland, entstanden? Welche Staatsbürger, außer Großindustrie und EU-Politiker, ziehen daraus einen Nutzen? Hier darf ich die ehemaligen Ostblockländer erwähnen, die beigetreten sind, doch nur um sich von der ehemaligen Sowjetunion abzunabeln. Doch auch in diesen Staaten erleben wir gerade eine Unzufriedenheit unter dem Volk und Regierungen. Auch möchte ich auf die kindischen deutschen Bittgesuche zu sprechen kommen, Großbritannien am Austritt zu beknien. Wie kann man einem Volke, in dem noch Nationalstolz und Vaterlandsliebe oberstes Gebot sind und das seine Tradition aufrechterhält, mit solch dümmlichen Argumenten kommen? Die Briten wollten schlicht und einfach ihre demokratische Souveränität wiedergewinnen. Gründe dazu gab es genug. Vermutlich hat auch niemand die Aussage von Jean-Claude Juncker vergessen, ›dass man, wenn es ernst wird, eben lügen muss‹. Ja, dieses Land entschied sich aus Überzeugung gegen die Bevormundung. Ein Extralob an die Politiker, die ihrem Volke die Entscheidung überließen, die Wahl zu treffen. Meine lieben Freunde, es ist kein Geheimnis, dass in unserem Lande den Bürgern eine solche Wahl verweigert wird. Wir sind nur die Herde, die von schlechten Hirten geleitet wird, die zwar von Freiheit und Demokratie überschwänglich predigen, doch versuchen sie unsere Gedanken und Äußerungen mit ihrem

Geschwätz zu übertünchen. Jeder von uns begreift inzwischen, die Weisheit unserer Politiker verliert sich von Tag zu Tag, statt klarer Worte erfolgt nur Gestammel, eine Fehlentscheidung reiht sich an die andere, Alleingänge von Regierungsmitgliedern verhindern einen gemeinsamen Weg aus dem Dilemma, die Wahrheit wird verbogen, totale Hilflosigkeit unter den Politikern. Wo sind die starken Staatsmänner wie Adenauer, Schmidt oder Strauß, die in solchen Situationen die Verantwortung an sich rissen, auch wenn es in die Hose gehen sollte? Ich bezeichne unsere heutige Führungsgarde als feige und heuchlerisch, die sich nicht herablässt begangene Fehler einzugestehen, stattdessen wird auf diesen weiterhin ein Gebirge von Unwahrheiten aufgebaut. Meine sehr verehrten Damen und Herren, was mich besonders erzürnt, sind diese siebengescheiten Quasselfritzn und Schnatterliesln, die von sich so eingenommen sind, um ihren Gedankenmüll in Diskussionsrunden abzuladen. Da frage ich mich, weshalb die von unseren Zwangsbeiträgen abhängigen Staatssender solche volksverdummenden Debatten noch im Programm behalten? Die Antwort darauf ist so plausibel und leicht zu begreifen. Diese Rundenteilnehmer produzieren während der Diskussion so viel Palaver und Wortgesülze, dass es dem Zuschauer seinen Geist vernebelt und dadurch seine angebliche Meinungsfreiheit in ein Zwangsdenken verwandelt. Psychologie war von jeher das geeignetste Instrument, dem Bürger den Willen der Politiker aufzuzwängen. Lassen Sie mich noch kurz über die Flüchtlingspolitik sprechen. Erinnern Sie sich noch an die Aussage unserer Frau Nahles, die Ausgaben dafür würden 55 Millionen Euro betragen? Jetzt in der Wirklichkeit angekommen, sprechen unsere mit Weitblick Versehenen bereits von über 55 Milliarden und in einem weiteren Jahr wird von 100 Milliarden gemunkelt. Mit welcher wahnsinnversehenen Geistesgabe müssen Regierungen behaftet sein, Flüchtlinge mit Willkommensschiffen abzuholen? Dies lässt sich nicht mehr mit human beschreiben, dies bezeichne ich als fahrlässig und unverantwortlich. Die einzigen Nutznießer dieser Flüchtlingsflut sind Dienstleistungsbetriebe und Billigketten, die sich an diesen Niedrigverdienern bereichern und die nach kurzer Zeit im Topf der Hartz-IV-Empfänger landen. Blicken Sie, meine verehrten Damen und Herren, auf die Statistik der gegenwärtigen Arbeitslosenzahlen sowie der Millionen Hartz-IV-Bezieher, die seit Jahren mit dieser Unterstützung ein sorgenfreies Leben genießen. Natürlich gestehe ich den wirklich Berechtigten dies zu, doch alle, die daraus nur ausbeuterisch die arbeitende Bevölkerung schädigen, müssen schnellstens dem Arbeitsleben zugeführt werden, ohne Wenn und Aber. Wir besitzen in der Bundesrepublik genügend Arbeitspotenzial, nur muss das Sozialministerium endlich mit härteren Bandagen gegen diese Arbeitsverweigerer vorgehen. Und eines sei noch erwähnt, was ich für besonders beschämend halte, und dies betrifft namentlich die börsennotierten Aktiengesellschaften. Um das Steigen der Kurse voranzutreiben, werden Meldungen verbreitet, die und die AG trennt sich von tausenden Beschäftigten zum Wohle ihrer Vorstandsmitglieder und Aktionäre, obwohl Gewinne und Dividenden regelmäßig eine Progression erfahren. Dies sind menschenverachtende Maßnahmen und müssen von oberster Stelle unterbunden werden. Zum Abschluss meiner Rede weise ich Sie darauf hin, auch wenn in einem oder anderem der Gedanke keimt, ich und unsere Partei würden sich extrem rechts oder radikal links von der Mitte bewegen. Auch wenn die Mitte nicht abgrenzbar ist, so kann ich Ihnen versichern, dass dieses Spektrum unser Zuhause ist. Sie können versichert sein, dass wir aus Überzeugung unsere gesamte Kraft für Gerechtigkeit und Wohlergehen für das deutsche Volk aufwenden und die christliche Bezeichnung unseres Parteinamens niemals außer Acht lassen. Danke für Ihre Aufmerksamkeit!«

»Mein lieber Erasmus, gratuliere zu deinem gelungenen Vortrag.«

»Ach, Thomas, mir schwirrten noch massig Themen durch meinen Schädel, doch diese alle anzusprechen, würde bei den Anwesenden nur Ermüdung auslösen.«

»Du hast recht, einigen hängt der Kopf bereits bis in Nabelhöhe.

Wir bräuchten jetzt so einen richtigen Knaller, um wieder Leben in unsere Schlachtenbummler zu bekommen. Erwin würde in dieser Situation die Bayernhymne anstoßen und damit kommt der Kreislauf wieder auf Touren.«

»Hm, denkst du, der Text ist den Anwesenden geläufig?«

»Kaum, aber drüben in der Staatskanzlei liegen bestimmt massenhaft diese Liedtexte aus und wenn nicht, so findest du dort bestimmt Schnellkopierer.«

»Das kann Erwin übernehmen, seiner Verständigung und Beliebtheit kann sich dort keiner widersetzen.«

»Do bin i wieda, schaugst, wos i in dene eanan Prospektfundus gfundn hob, zwanzg Schachtln mit unsara Freistaats-Hymne, de koa oide Sau mea hom mächt. Des san mindestens zwoahundadtausnd Blattln, de lass i jetzta vateiln und nacha sing ma olle des schenste Liadl Bayans. Schauts nüba, wen i no mitbrocht hob, de ganze Staatskanzleimannschaft samt de Politika, vorn dro da Seehofa, olle mächtn des mitohäan, wenn aus zwoahundadtausnd Kehlköpf unsa Heimatliad eaklingt. So wos hots in ganz Bayan no net gem.

Liabe Sängaknabm und Singmadln, de Melodie kennts sicha olle, so brauchts nua no den Text auf dem Blattl dazua singa. Des probian mia jetzt a amoi. Los gähts! Bitte trauts eich lauta zum singa, ja, so is guat und no a bissal mea im Gleichklang. Ned schlecht, weita so und glei de zwoate Stroph, bitte mea Lautstäake, des höat se scho ganz guat o. Legts no mea Enthusiasmus nei, herrlich, so mächt ich's höan, zum Woana sche. Jetzt is hervorragend und glei de dritte Stroph. Mei, dass i des no amoi ealem deaf. Nua net nochlassn und olle singa mit ohne Ausnahm, jeda konn singa, a de, wo glaum, sie hättn nua a Kratzbüastn im Hois. Wundabar! Und jetzt pack mas o und denkts dro, des muass ma bis nach Giasing und Obasendling höan.«

»Da bin ich wieder, seht, was ich in dem Prospektefundus entdeckt habe, zwanzig Kartons mit unserer Freistaats-Hymne, die keine alte Sau mehr ha-

ben möchte. Das sind mindestens 200 000 Blätter, die ich jetzt verteilen lasse, und nachher singen wir das schönste Lied Bayerns. Seht rüber, wen ich noch mitbrachte, die gesamte Staatskanzleimannschaft mitsamt den Politikern, vorne dran der Seehofer. Alle möchten dies mitanhören, wenn aus 200 000 Kehlköpfen unser Heimatlied erklingt. So etwas hat es in ganz Bayern noch nicht gegeben.

Liebe Sängerknaben und Singmädchen, die Melodie kennt ihr sicher alle, so braucht ihr nur noch den Text auf dem Blatt dazu singen. Das probieren wir jetzt einmal. Los geht's! Bitte traut euch lauter zu singen, ja, so ist es gut und noch ein bisschen mehr im Gleichklang. Nicht schlecht, weiter so und gleich die zweite Strophe, bitte mehr Lautstärke, das hört sich schon ganz gut an. Legt noch mehr Enthusiasmus hinein, herrlich, so möchte ich es hören, zum Weinen schön. Jetzt ist es perfekt und gleich die dritte Strophe. Oh, dass ich das noch einmal erleben durfte. Nur nicht nachlassen und alle singen mit ohne Ausnahme. Jeder kann singen, auch die, die glauben, sie hätten nur eine Kratzbürste im Hals. Wunderbar! Und jetzt packen wir es an und denkt daran, das muss man bis nach Giesing und Obersendling hören.«

Gott mit dir, du Land der Bayern, deutsche Erde, Vaterland!
Über deinen weiten Gauen ruhe Seine Segenshand!
Er behüte deine Fluren, schirme deiner Städte Bau
und erhalte dir die Farben seines Himmels, weiß und blau!

Gott mit dir, dem Bayernvolke, dass wir unsrer Väter wert,
fest in Eintracht und in Frieden bauen unsres Glückes Herd!
Dass mit Deutschlands Bruderstämmen einig uns ein jeder schau
und den alten Ruhm bewähre, unser Banner, weiß und blau!

Gott mit ihm, dem Bayern-König, Segen über sein Geschlecht!
Denn mit seinem Volk im Frieden wahrt er dessen heilig Recht!
Gott mit ihm, dem Landesvater, Gott mit uns in jedem Gau,
Gott mit dir, du Land der Bayern, deutsche Heimat weiß und blau.

»Erwin, bist du sicher, dass du die aktuelle aus dem Fundus mitgenommen hast? Meines Wissens besteht die Hymne seit 1980 durch Beschluss von Franz Joseph Strauß aus zwei Strophen.«

»Aba wenn de dritte doch so schee is und unsa Kini, da Seehofa da I., a anwesend is. Schau eam o, unsan Ministapräsidentn, wia ea se gfreit, do waxt ea glei nommoi um an Kopf.«

»Aber wenn die dritte Strophe doch so schön ist und unser König Seehofer der I. auch anwesend ist. Schau ihn an, unseren Ministerpräsidenten, wie er sich freut, da wächst er gleich nochmals um einen Kopf.«

»Erwin, mir ist nicht entgangen, du bist immer noch ein heimlicher Fan von ihm. Was meinst du, sollen wir ihm die Gelegenheit anbieten, vor dieser riesigen Menschenkulisse zu sprechen?«

»Des war da Hamma! Oiso, i dats eam gönna, endlich wieda amoi voa so am Haufa Publikum a Red zu hoitn. Unsa Landesvata hot se des a vadient, ollawei bloß eistecka und kritisiat wen, obwoi ea mit seine Stichelein in Richtung Anschela imma recht ghabt hot. Wensd moanst, nacha hoi i eam ans Mikrofon.«

»Das wäre der Hammer! Also ich würde es ihm gönnen, endlich wieder einmal vor so einer Masse von Publikum eine Rede zu halten. Unser Landesvater hat sich das auch verdient, immerzu bloß einstecken und kritisiert werden, obwohl er mit seinen Sticheleien in Richtung Angela immer recht gehabt hatte. Wenn du meinst, dann hol ich ihn ans Mikrofon.«

»Hey, Horst, laf net weg, mia braucha di no! Jetzt bleib scho steh, de Abat, wos di in da Staatskanzlei erwartet, konn go net so wichtig sei, ois wos i dia vom Gurkenberg ausrichtn soi.«

»Hey, Horst, lauf nicht weg, wir brauchen dich noch! Jetzt bleib doch stehen, die Arbeit, was dich in der Staatskanzlei erwartet, kann gar nicht so wichtig sein, als was ich dir vom Gurkenberg ausrichten soll.«

»Mit dir und deinem Verein unterhalte ich mich nicht mehr, ich finde es hinterhältig, wie ihr mit meinen Parolen auf Stimmenfang geht. Bin ich denn nicht glaubwürdiger als euer Invalidenverein? Ich stochere stets mit Kritik und Vorhaltungen in das verlogene Berliner Wespennest und bekomme dafür von allen Seiten Schmähungen und Anfeindungen. Inzwischen nennen die mich bereits den Clown von Bayern.«

»Ja, des is a koa Wunda, weilst du nia weita stochast und meistns nach kuaza Zeit wieda wos andas sogst. Du host doch so a große Anhängaschaft, besondas in Norddeitschland, de wartn doch darauf, dass d wieda amoi den Mund aufmachst und gega de do om so a richtigs Donnawetta loslasst. A deine bayrischn Landsleit san scho ganz veaunsichat, weils moana, du mäxt di nua wichtig macha, aba i woas des bessa und i dad dia ron, hau amoi so richtig mit da Faust auf'n Tisch und lass net locka. Du muasst iagendwann so a ganz scharfe Wuatredn loslassn und in dea muass ois gsogt wean, wos dia und dem Volk net passt. Wia was, wendsd de glei hoitn dasd?«

»Ja, das ist auch kein Wunder, weil du nie weiter stocherst und meistens nach kurzer Zeit wieder was anderes sagst. Du hast doch so eine große Anhängerschaft in Norddeutschland, die warten doch darauf, dass du wieder einmal den Mund aufmachst und gegen die da oben in Berlin so ein richtiges Donnerwetter loslässt. Auch deine bayerischen Landsleute sind schon ganz verunsichert, weil sie meinen, du möchtest dich nur wichtigmachen, aber ich weiß das besser und ich würde dir dazu raten, hau einmal so richtig mit der Faust auf den Tisch und lass nicht locker. Du musst irgendwann so eine ganz scharfe Wutrede loslassen und in dieser muss alles gesagt werden, was dir und dem Volk nicht passt. Wie wäre es, wenn du diese sofort halten würdest?«

»Ist das eine Einladung, bei eurer Demonstration als Gastredner aufzutreten?«

»Aba natürlich, mia dan uns olle riesig gfrein! Dazua is a fertig gschriemna Voatrog net notwendig, weil aus dem Stehgreif höat se des vui eahlicha und impulsiva o!«

»Aber natürlich, wir würden uns alle riesig freuen! Dazu ist ein fertig geschriebener Vortrag nicht notwendig, weil aus dem Stehgreif hört sich das viel ehrlicher und impulsiver an.«

»Meine lieben Mitbürger und Mitbürgerinnen, ich habe mich spontan entschlossen, auf Wunsch meines Freundes Erwin der Niederbayer vor euch hinzutreten, um meine angestauten Gefühle und bisher unausgesprochenen belastenden Gedanken über die stümperhafte Vorgehensweise der Bundesregierungsspitze sowie über die gegenwärtige bedrohliche Situation frei und ohne Umschweife der Öffentlichkeit zu präsentieren. Vorneweg muss ich meiner Empörung Luft machen und ein Geschoss auf die Mächtigste im ganzen Lande abfeuern, mit dem Wunsch, einen Volltreffer zu landen. Eine Minderheit bezeugt nach dem Flüchtlingsdesaster bereits wieder Mitleidsgefühle für diese unberechenbare Dame in maßgeschneiderten Kostümen mit vertauschten Kleidergrößen mit der Vernichtungskapazität einer Tretmine. Dies erleben unsere mitregierenden Parteifreunde und Parlamentsabgeordnete hautnah an Leib und Seele, durch Nichtbeachtung und Diskriminierung bei gemeinsamen Besprechungen und zukunftsweisenden Maßnahmen. Ich kann und darf mich nicht mehr länger zum Hanswurst prägen lassen und deswegen werfe ich diese Bezeichnung ein für alle Mal beiseite und schlüpfe in das Gewand eines Revolutionärs, der bereits gemeinsam in einem Verbund von Ländern der Alpenregionen gegen ein weiteres Vordringen von Menschensturmfluten in unser Land vorgeht. Was ich mit unseren südlichen Nachbarländern praktiziere, sollte eigentlich von unserer grenzenlosen Machthaberin vollzogen werden. Danke, danke, beruhigen Sie sich wieder, es folgt noch Unerfreulicheres! Der Bundesrat hat das Integrationsgesetz verabschiedet, was bedeutet, dass abgelehnten Asylbewerbern in Zukunft ein Bleiberecht zugesprochen wird. Mit der Gründung des alpenländischen Staatenverbundes bin ich nun in der Lage, als Präsident dieser Union an den Regierungssesseln von Überheblichen und darauf Festgezurrten zu sägen, um das deutsche Volk vor weiteren Katastrophen zu bewahren. Liebe Freunde, wollt ihr die totale Vernichtung unseres geliebten Vaterlandes? Bitte überlegt euch nochmals meine Frage! Ja, jetzt habt ihr's kapiert, natürlich erfolgt darauf ein stürmisches ›Nein‹. Hier sehen Sie wieder, wie ein Volk manipuliert werden kann, durch meine Hilfe wurde Schlimmes abgewendet. Ich bitte euch nicht darum, sondern ich bin felsenfest überzeugt, dass ich euer vollstes Vertrauen genieße. Ich, euer Landesvater, bürge für Freiheit, Schutz vor Eindringlingen, weißblauen Himmel und Wohlergehen der Ärmsten und Betuchteren. Jeder Bürger hier im Freistaat steht unter meinem persönlichen Schutz, jedem Sorgenbeladenen stehe ich mit Hilfe großzügig zur Seite. Meine Eidesformel lautet: Ich schwöre bei Gott dem Allmächtigen meine Untertanen stets zu lieben, Unrecht abzuwenden und in schlechteren Zeiten mein Volk zu behüten. So wahr mir Gott helfe! Habt ihr so ein Versprechen jemals von bundesdeutschen Parlamentsgrößen erhalten? Bitte denkt doch vorher nach, ehe ihr vorschnell die Antwort herausbrüllt! Ja, sehr gut! Selbstverständlich kann da nur ein ›Nein‹ erfolgen. So weit, so gut, nun nähere ich mich einer weiteren Katastrophe, ausgelöst von unserer Wiederholungstäterin, die, anstatt Führungsqualität zu beweisen, in einen Fettnapf nach dem anderen tappt. Sie erwies dem Herrscher über das osmanische Reich einen derartigen Höflichkeitsbesuch, dass man dies nur als totale Unterwerfung bezeichnen kann. Wenn ich nachrechne, begab sie sich in den vergangenen drei Monaten bereits dreimal zu ihrem Geliebten und kehrte jedes Mal mit leerem Gepäck, jedoch hoffnungsvoll zurück, was sich bald darauf als weitere Blamage erwies. Seit Jahren plädiere ich gegen den Eintritt der Türkei in die EU, die Gründe sind allen wohlbekannt, jedoch unsere Alleingängerin stellt ihrem Lieblingsstaatsmann dies in Aussicht und bietet diesem stolzen Hahn auch noch Visafreiheit an. Ich frage Sie, meine lieben Mitbürger, bewegt sich diese Unterhaltungskünstlerin noch auf dem Boden der Diplomatie oder bereits auf den Brettern eines drittklassigen Schmierentheaters? Aus Anlass dieses heutigen Großereignisses darf ich Ihnen meine bis zum heutigen Tage unter Verschluss gehaltenen Geheimpläne offenbaren. Schon bald werden sich die bundesrepublikanischen Staatsgrenzen radikal verschieben. Bitte verhalten Sie sich zurückhaltend! Das Bayerische Regierungskabinett entschied sich einstimmig, außer der Opposition, für die Aufhebung der Zugehörigkeit Bayerns zur BRD. Diese historische Abspaltung wird dem Freistaat Souveränität und noch höheren Wohlstand bescheren. Weg sind die Länderausgleichszahlungen, vorbei die Unterstützung von maroden Bundesländern, vorneweg die Bundeshauptstadt, die sich auf Kosten anderer zu einer Luxusmetropole entwickelte. Von gestern der Soli-Pakt, der den alten Bundesländern Stillstand im Ausbau von Straßen und Modernisierungsmaßnahmen bescherte. Vergessen die ewigen Anfeindungen vom Bundeskabinett, die den Freistaat Bayern stets als geistig unterentwickeltes Bundesland betrachtete und unsere Wünsche und Beiträge selten akzeptierten. Unsere neuen Staatsfreunde heißen Österreich und die Schweiz, weitere Nachbarländer bezeugen bereits Beitrittswillen. Ich versichere Ihnen, liebe Zuhörer, das Land Bayern wird sein internationales Ansehen noch weiter ausbauen, seine Wirtschaftskraft verdoppeln und seinen Bürgern endlich wieder das sichere Gefühl der Geborgenheit zurückgeben. Die Kapitalmärkte schielen bereits auf den neuen Finanzstandort Europas, der sich im Mittelpunkt Bayerns ansiedeln wird, voraussichtlich in meiner Heimatgemeinde Ingolstadt. Aus der kleinen Ecke der oppositionellen immerwährenden Neinsager höre ich nur Stillschweigen, was sicherlich als Unterwerfung, beziehungsweise Zustimmung zu erklären ist. Die absolute Sensation lieferte jedoch der Smaragd-König von Baden-Württemberg, dessen Antrag zum Beitritt bereits vor dem Beschluss einging. Ein wahrer weitblickender überaus kluger Herrscher. Natürlich brexitieren wir aus dem Pakt der Europäischen Brüsseler Diktatoren-Union, ich bezeichne die Gründerväter, so schwer es mir auch fällt, als europäische Totengräber, die mit Scheuklappen versuchten, ein Gebilde der Vereinigten Staaten von Europa ins Leben zu rufen. Das Ergebnis dieses Trugschlusses ist ein zerstrittener, neiderfüllter, zerbröckelnder Staatenbund. Mein Vorredner Erasmus von Gurkenberg ging ja ausführlich auf die bestehende Flüchtlingsflut ein und doch muss ich noch dazufügen, dass ich, euer Landesvater, es war, der sich wie ein Stauwehr dagegenstemmte, um euch vor weiterem Schaden zu bewahren. Ich verspreche euch, unsere bereits bestehende Vereinigte Alpenländische Union verhindert mit allen Mitteln das Eindringen weiterer Wohlstandsgefährder. Mir ist bewusst, dies sind keine humanen Maßnahmen, aber auch denen muss endlich die Birne brennen, die noch immer nicht begriffen haben, dass der Zufluchtsort Bayern ein für alle Mal verschlossen bleibt. Oder, meine sehr verehrten Willkommenswinker und angeblich besseren Menschen, wollen Sie hier in diesem Land ein zweites Arabien, Indien, Afrika oder Asien? Ich danke für Ihre Geduld, bleiben Sie Ihrem Landesvater treu.«

»I glaub, des war doch net so a guate Idee von mia, dass ma am Hoaste des Mikrofon übalassn ham. Schau, wia de trampln und si aufführn, do schlong glei de Glockng von da Theatina Kiach o.«

»Ich glaube, das war doch keine so gute Idee von mir, dass wir dem Horst das Mikrofon überlassen haben. Schau, wie die trampeln und sich aufführen, da schlagen gleich die Glocken von der Theatiner Kirche an.«

»Und ob das eine Spitzenidee war, Erwin, der Horst hat doch alle unsere Programmpunkte bestätigt. Aber das mit der Abspaltung wirft unsere gesamten Pläne mit unserer Partei durcheinander. Bisher wären wir in den übrigen Bundesländern angetreten und nach der Trennung bedeutet dies Ausland.«

»Jessas Maria, an des hob i no gonet denkt! Ja moanst du vielleicht, da Seehofa moant des wirklich ernst? Nacha stenga, wenns wirklich zum Ausanandabrecha kummt, wieda Schlogbaim an de Grenzn zua BRD, oda moanst, dass dea a Maua aufziagt?«

»Jessas Maria (Jessas = Ausruf des Erstaunens), an das habe ich überhaupt nicht gedacht. Ja glaubst du vielleicht, der Seehofer meint das wirklich ernst? Nachher stehen, wenn es wirklich zum Auseinanderbrechen kommt, wieder Schlagbäume an den Grenzen zur BRD, oder denkst du, dass er eine Mauer aufzieht?«

»So wahr ich Erasmus von Gurkenberg heiße, bin ich der Meinung, dass Seehofer nur blufft, um damit an Ansehen und Wertschätzung zu gewinnen, was er mit seiner bisherigen Vorgehensweise nicht zustande brachte. Aber man muss ihm zugestehen, das war bisher seine wirksamste Bombe, die zum Einsatz kam, um Berlin wachzurütteln.«

»Und i hob scho glaubt, mia miassn unsa Bayanhymne wieda umschreim. Wos is jetzt nacha ois Nächstes im Programm? Soin mias Feiaweak scho ozüntn?«

»Und ich glaubte schon, unsere Bayernhymne müsste schon wieder umgeschrieben werden. Was ist nun als Nächstes im Programm? Sollen wir das Feuerwerk schon anzünden?«

»Thomas, du bist für die Demonstrationsabschlussfeier zuständig. Lass hören, was du uns zu bieten hast.«

»Ich verspreche dir einen absoluten Augenschmaus bayerischer Volkskunst. Die Altmünchner Türkenburschen präsentieren einen original bayerischen Schuhplattler, in Lederhosen und allem, was einen gestandenen Bayern ausmacht. Anschließend veranstalten echte bayerische Türkenmadl in ihren Dirndln mit den Schuhplattlern einen Watschentanz. Als Höhepunkt des Abends erfolgt ein

Wettkampf im Fingerhakeln zwischen den Miesbacher Krummfinga-Buam und den bayerisch-syrischen Hauruck-Spezln. Und zum Schluss tritt ein arabisch-afrikanisches Schnupfer-Team aus Niederbayern gegen den bayerischen Meister FC Schmalzler zum Wettkampf an. Und nacha wird ozapft.«

Das Wort zum Schluss

Liebe Leserattinnen und Leseratten, dem einen oder anderen wird meine kritische Betrachtungsweise einen Kloß im Hals wachsen lassen, der die Luftzufuhr erschwert, die Halsschlagader in einen blubbernden Gartenschlauch verwandelt und das Denkcenter dem Wahnsinn näherbringt. Die Ursache dieser Beklemmung liegt jedoch nicht an meiner variierenden Denkweise, sondern an Ihrer konventionellen Gesinnung, an altbackenen Mustern festzuhalten, die sich im Laufe Ihrer Alterung wie ein Geschlinge in Geist und Körper fest verwurzelten. Um Ihr eindimensionales Urteilsvermögen nicht überzustrapazieren, rate ich Ihnen sukzessiv dagegen vorzugehen, Ihre widerspenstigen Verästelungen zu entwirren und durch Wirklichkeitsnähe zu ersetzen.

All denen, die sich mit dem Buch bis zum Ende abquälten und sich doch nicht von Ihrer Einstellung abbringen ließen, sei herzlich gedankt mit den folgenden Worten, die ich Ihnen für Ihren weiteren holprigen Lebensweg darreichen möchte.

Menschen, die stets Gutes tun,
sind bewundernswerte Kreaturen,
sie vergießen Mitgefühl wie ein Monsun
und hinterlassen tiefe Spuren.

Sie sind voll Unrast und Getriebe,
allen es stets recht zu machen,
und glauben, dies sei Menschenliebe,
mit der sie sich befassen.

Wer immer nur dem Anderen dient,
vergisst sich selbst zu kritisieren,
und merkt zu spät, wie blind
er war, Mitmenschen zu hofieren.

Die Überzeugung stirbt zuletzt
und mit ihr die Gesinnung,
die Erkenntnis kommt zu spät,
zu lösen diese Bindung.
Luggi Schägsbia